Anselm Grün

Quellen innerer Kraft

HERDER spektrum

Band 5939

Das Buch

Ausgelaugt, ausgebrannt, leer. Für viele ein Dauerzustand unter dem Druck des Alltags. Wer aber erschöpft ist, wird unzufrieden, verliert seine Kreativität, spürt sich selber nicht mehr. Anselm Grün ist überzeugt: Viele sind erschöpft, weil sie aus trüben Quellen leben: Ehrgeiz, Sich-beweisen-müssen, Perfektionismus. Problematische Lebensmuster zehren an uns. Wie steht es um unsere seelischen Energien, wenn wir uns kraftlos und „am Ende" fühlen? Wie finde ich zurück zu den Quellen meines Lebens? Woraus kann ich Kraft schöpfen, ohne erschöpft zu werden? Es gibt sie in jedem Leben: klare Quellen, die reinigen, erfrischen, befruchten. Es sind die Ressourcen, die schon in der Kindheit grundgelegt werden. Anselm Grün zeigt, wie es gelingt, zu diesen Quellen Zugang zu finden und sie zum Sprudeln zu bringen.

Der Autor

Anselm Grün OSB, Dr. theol., geb. 1945, verwaltet als Cellerar die Benediktinerabtei Münsterschwarzach und ist als geistlicher Berater und Kursleiter tätig. Er gehört zu den erfolgreichsten spirituellen Autoren der Gegenwart.

Anselm Grün

Quellen innerer Kraft

Erschöpfung vermeiden – Positive Energien nutzen

FREIBURG · BASEL · WIEN

Originalausgabe

2. Auflage 2008
(7. Gesamtauflage)

© Verlag Herder GmbH, Freiburg im Breisgau 2005, 2008
Alle Rechte vorbehalten
www.herder.de

Umschlagkonzeption und -gestaltung:
R·M·E Eschlbeck / Botzenhardt / Kreuzer
Umschlagmotiv: © Corbis
Autorenfoto: © Micha Pawlitzki

Herstellung: fgb · freiburger graphische betriebe
www.fgb.de

Gedruckt auf umweltfreundlichem, chlorfrei gebleichtem Papier
Printed in Germany

ISBN 978-3-451-05939-1

Inhalt

Einleitung	7
1. Trübe Quellen	15
Negative Emotionen	17
Destruktive Lebensmuster	28
Religiöse Überhöhung	38
2. Klare Quellen	46
Anknüpfen an die Kindheit	47
Gefährdungen in unserem Innern	53
Wege zu eigenen Ressourcen	57
Wie Gesundheit entsteht	70
Das innere Kind	75
3. Quelle des Heiligen Geistes	79
Heilsame Anstöße	83
Die Frucht des Geistes	88
Tugenden und Werte	104
Sinn und Orientierung	112
4. Der spirituelle Weg	117
Geisterfüllte Worte	118
Meditation und Gebet	122
Die Kraft der Rituale	127
Zeiten von Stille und Ruhe	129
Die Erfahrung der Natur	131

5. Biblische Bilder 135

6. Quellen, aus denen ich schöpfe 140

7. Suche deine eigenen Quellen 152

Literatur 160

Einleitung

Wer erschöpften Menschen begegnet, macht immer wieder die Beobachtung: Sie sind nicht nur resigniert und mutlos, sondern im buchstäblichen Sinn auch atemlos. Sie sprechen dann davon, dass sie Zeit brauchen, um wieder Atem zu schöpfen. Und wenn ich solche Menschen begleite, höre ich aus den Gesprächen auch heraus, wie sehr sie sich danach sehnen, neue Hoffnung zu schöpfen. Offensichtlich spüren sie in ihrer derzeitigen Verfassung in sich keine Quelle mehr, aus der sie schöpfen können. Das Bild der versiegten Quelle leuchtet in diesem Zusammenhang unmittelbar ein: Das, woraus wir sonst leben, gibt plötzlich nichts mehr her. Wer erschöpft ist, der fühlt sich leer und ausgetrocknet. Er ist auch nicht mehr schöpferisch. Er hat seine Kreativität verloren. Er spürt sich selber nicht mehr, ist unzufrieden, ausgelaugt und fühlt sich oft genug wie zertreten von den vielen Menschen, die ständig etwas von ihm wollen.

Heute spricht man nicht nur von Erschöpfung, sondern auch von burn-out oder von Ausgebranntsein. Es handelt sich dabei um die gleiche Erfahrung: Man hat keine Kraft mehr, spürt kein Leben mehr in sich. Gerade helfende Berufe leiden unter diesem Phänomen. Aber auch Menschen, die in anderen Zusammenhängen hoher Verantwortung stehen und sich hohem Leistungsdruck ausgesetzt fühlen, sind davon gefährdet: Als der Fußballtrainer Otmar Hitzfeld in einer Situation hohen öffentlichen Erwartungsdrucks gefragt wurde, ob er die deutsche Nationalmannschaft trainieren wolle, lehnte er das Angebot ab mit der Begründung, sein „Akku" sei leer. Ein Manager meinte, er fühle sich ausgebrannt wie eine Rakete. Eine ausgebrannte Rakete kann man, wie jeder weiß, zu nichts mehr gebrauchen. Autos lassen an den Zapfstellen der Mineralölkonzerne gegen Geld wieder auftanken, wenn der Sprit verbraucht ist. Akkus lassen sich wieder laden. Doch wir sind keine Maschinen.

Wie steht es um unsere seelischen Energien, wenn wir uns kraftlos und „am Ende" fühlen? Wie finden wir zurück zu den Quellen unseres Lebens?

Erschöpfte und ausgebrannte Menschen sehnen sich nach Energiequellen, aus denen sie schöpfen können. „Meine Energie-Quelle", so warb eine Mineralwasserfirma auf großen Plakaten, eine andere verwendet den Slogan „Die Quelle reiner Kraft" – und verbindet damit ebenso assoziativ die Werte: vital, kraftvoll, attraktiv, jung und gesund. Offensichtlich möchten sie auf die Sehnsucht der Menschen nach Frische und Lebendigkeit antworten. Bei vielen Managerkursen geht es heute vor allem darum, wieder „aufzutanken", „den Akku aufzuladen" und mit den eigenen inneren Kraftquellen in Berührung zu kommen. Die Psychologie spricht heute oft von seelischen Ressourcen. Das Wort stammt aus dem Französischen und bezeichnet einen Bestand, auf den man zurückgreifen, und ein Reservoir, aus dem man schöpfen kann. Es ist vom lateinischen Wort „resurgere" abgeleitet, das „wiedererstehen" bedeutet. Es ist das gleiche Wort, das in der Bibel für die Auferstehung Jesu verwendet wird.

Die Ressourcen sind oft verborgen unter einer dicken Schale. Sie müssen erst entborgen werden. Wenn ich an den inneren

Kern heran komme, in dem – in nuce – alle Kraft gesammelt ist, dann wird genügend Energie in mein Denken und Tun fließen, dann wird etwas in mir aufblühen. In jedem von uns ist dieser innere Kern, voller Energie, voller Verheißung. Doch es braucht die Stille, um die Schale aufzubrechen, die diesen Kern umhüllt. Nur so wird er das Leben in uns zur Blüte bringen und reiche Frucht tragen.

Viele haben heute das Gefühl, dass die Quelle, aus der sie leben, trüb geworden ist. Sie hat ihre erneuernde Kraft verloren. Oder sie ist eingetrübt durch Haltungen, die der Seele nicht gut tun, oder durch Emotionen, die von außen her eine ursprüngliche reine Quelle beschmutzen. Da sehnen sich viele Menschen nach einer Klarheit, die erfrischt und Leben schenkt. Wenn ich in Vorträgen von den Quellen spreche, aus denen wir schöpfen, vor allem von den spirituellen Quellen, dann werde ich immer wieder gefragt: Wie komme ich denn in Berührung mit dieser inneren Kraft, die ich die Quelle des Heiligen Geistes nenne?

Ich spüre hinter solchen Fragen nicht nur die bewusste oder unbewusste Einsicht vieler in ihre krankmachende Lebenssituation. Ich spüre dahinter auch die starke Sehnsucht nach dem, was gesund macht und Kraft gibt.

Andere haben den Eindruck, dass ihre Quelle nicht mehr ungehindert strömt. Sie droht zu versiegen. Ihr Wasser verrinnt dann irgendwo im Erdreich. Beim Propheten Jeremia gibt es das Bild der rissigen Zisterne, deren Wasser in der umgebenden Erde nutzlos versickert. Die Bibel nennt Gott selbst die unerschöpfliche Quelle. Jeremia hält den Menschen vor, sie hätten Gott, den Quell des lebendigen Wassers verlassen, „um sich Zisternen zu graben, Zisternen mit Rissen, die das Wasser nicht halten". (Jer 2,13) Das ist ein Bild, das heute viele anspricht: Sie wissen nicht, wo das Wasser geblieben ist, aus dem sie einmal geschöpft haben. Es ist versickert. Irgendwo.

Brunnen und Quellen gehören zu den Grundbildern unserer Kultur, weil wir ohne Wasser nicht leben können. Als die Mönche der Abtei Münsterschwarzach nach der Wiederbesiedlung des Klosters im Jahre 1913 einen Brunnen bohrten, stießen sie in 5 Metern Tiefe bereits auf Wasser. Doch das war nur Oberflächenwasser. Es versickerte schnell. Wenn es heiß wurde, hörte es auf zu fließen. Das Wasser war zudem vielen Trübungen ausgesetzt. Die Mönche mussten weiter bohren, bis sie in 80 Metern Tiefe endlich auf Grundwasser stießen. Dieses Grundwasser nun war fast unerschöpflich. Selbst wenn sie großen Wasserbedarf im Sommer hatten – der Grundwasserspiegel sank kaum.

Für mich ist das ein schönes Bild: Wenn wir nicht genügend in die Tiefe gehen, dann stoßen wir nur auf trübes Wasser. Manchmal scheinen diese Quellen durchaus klar zu sein. Wir können daraus unseren Durst stillen. Doch sobald wir eine Zeitlang daraus getrunken haben, versiegen sie. Es sind Quellen, die nur in der Oberfläche unserer Seele entspringen. Sobald es in unserem Leben hitzig wird, vertrocknen sie. Und sie trüben sich ständig durch die Einflüsse von außen. Manche Quellen sind auch in sich schon trüb, so dass sie nicht wirklich Energie spenden können. Wir dürfen also nicht an der Oberfläche bleiben, wenn wir klares, lebensspendendes Wasser haben wollen. Wir müssen vorstoßen bis zu jenen Quellen, die uns wirklich erfrischen, die unser Leben befruchten und die das Trübe in uns klären.

Jeder von uns kennt den Unterschied in seinem eigenen Alltag: Manchmal können wir viel arbeiten und wirken, ohne
erschöpft zu werden. Wenn wir zum Beispiel im Urlaub an
einem sonnigen Morgen aufstehen, trauen wir uns ohne wei-
teres eine große Wanderung zu. Sie macht uns an solchen Tagen trotz aller Strapazen auch Spaß. Und dann gibt es aber
auch Tage, an denen wir nichts zuwege bringen. Wir fühlen
uns müde und erschöpft. Wir haben keinen richtigen Antrieb.
Bisweilen lähmt uns auch ein Gefühl von Unlust. Wir möchten gar nicht auf das schauen, was uns heute erwartet. Angst
vor einem Mitarbeiter kann uns blockieren. Der Druck, dem
wir uns in der Arbeit ausgesetzt fühlen, raubt uns alle Energie. Die Frage ist, woraus wir unsere Kraft schöpfen?

Wir können bei uns beobachten: Manchmal strömt es in
uns selber, und es blüht dann auch um uns herum auf. Doch
wir kennen auch das Gegenteil: dass wir uns erschöpft fühlen, unzufrieden und bitter. Wir können davon ausgehen: Immer wenn wir erschöpft sind, schöpfen wir aus einer trüben
Quelle.

Erschöpft zu sein bedeutet etwas anderes als müde zu
sein. Es gibt eine „redliche Müdigkeit". Wenn wir von einer
anstrengenden Wanderung nach Hause kommen, sind wir
„rechtschaffen müde". Aber in einer solchen Müdigkeit fühlen wir uns zugleich immer auch wohl. Wir spüren uns. Wir
sind dankbar für das, was wir geleistet haben. Wir fühlen uns
trotz allem lebendig. Auch wenn wir einen anstrengenden Ar-
beitstag hatten, sind wir müde. Aber diese Müdigkeit ist zugleich von Dankbarkeit erfüllt. Wir sind von dem positiven
Gefühl bestimmt: Es hat sich gelohnt, sich für die Menschen
einzusetzen.

Natürlich hängt die Müdigkeit in aller Regel auch mit dem Ergebnis der Arbeit zusammen. Wenn wir Erfolg hatten, dann ist es eine positive Müdigkeit, während ein Misserfolg uns unzufrieden macht. Aber zumindest fragen sollten wir uns immer dann, wenn wir erschöpft und bitter, unzufrieden und leer sind: Aus welcher Quelle haben wir gerade geschöpft? Dabei ist es ganz natürlich und keineswegs ungewöhnlich, dass wir immer auch aus trüben Quellen schöpfen. Die Aufgabe wäre es dann allerdings, dies auch wahrzunehmen und tiefer zu graben, um mit den klaren und erfrischenden Quellen in Berührung zu kommen.

Quellen haben seit jeher etwas Faszinierendes gehabt und als besondere Orte auch die Menschen angezogen. Wasser ist lebensspendend und Leben erneuernd. Weil das Quellwasser aus der Tiefe der Erde kommt und frei von Verunreinigungen ist, galten die Quellen immer als heilig und besonders schützenswert. Das Wasser einer Quelle löscht ja nicht nur den momentanen Durst, sondern sprudelt weiter und wird so zur Möglichkeit ständiger Erneuerung des Lebens. Und oft wurden diese lebensspendenden Quellen besonders geehrt oder gar mit einem Gott oder einer Göttin in Verbindung gebracht. Der antiken Religion ist die Quelle Ort göttlicher Kräfte. Die Menschen haben schon in der Frühzeit gespürt, dass von der Quelle nicht nur das äußere, sondern auch das innere Leben abhängt. In Griechenland war Apollon der Schutzherr der Quellen: der Gott der klaren Erkenntnis. Die klaren Quellen waren Verheißung auch für ein klares Denken, das nicht getrübt ist von den Verunreinigungen durch Affekte. Quellenorte waren oft auch Orakelstätten. Zu ihnen pilgerte man, um aus der Wirklichkeit des Göttlichen Weisung für sein Leben zu erhalten. In Israel wurden Brunnen heilig gehalten.

Der Jakobsbrunnen bei Sichem fasziniert auch heute noch die Pilger. Wenn sie von dem frischen Wasser trinken, das sie daraus schöpfen, dann verstehen sie, dass Jesus gerade an diesem Brunnen mit der Samariterin ein Gespräch über das lebendige Wasser führt. Die Märchen sprechen vom Jungbrunnen, an dem man sich wie neu geboren fühlt und das Alte und Verbrauchte erneuert wird.

Die christliche Volksfrömmigkeit hat die Sehnsucht, die die Menschen mit der Quelle verbanden, aufgegriffen und sie mit der Verehrung der Gottesmutter Maria sowie mit wunderbaren Erfahrungen verbunden. Wenn Maria erscheint, dann sprudelt neues Wasser auf, so etwa in Lourdes, in Bad Elster oder in Wemding, wo es die Wallfahrtsstätte Maria Brünnlein gibt. Von der Marienquelle erwarten sich die frommen Pilger Heilung und Linderung ihrer Krankheiten und Gebrechen und neue Orientierung für ihr Leben. Die Menschen haben also offensichtlich seit jeher das Gelingen ihres Lebens von heilenden und klaren Quellen erwartet. Was uns die Religionsgeschichte und die Volksfrömmigkeit zeigen, das möchte ich nun im Folgenden auf eine spirituelle und therapeutische Ebene heben. Es geht letztlich auch um Kriterien richtigen Lebens, wenn wir danach fragen, wie dies möglich ist: dass wir uns nicht nur an äußeren Quellen orientieren, wenn wir Heilung und Stärkung, Orientierung und Erfrischung erwarten, sondern dass wir mit den inneren Quellen in Berührung kommen, die uns Gott geschenkt hat, damit wir daraus trinken und uns daran erfrischen und stärken.

Von den Quellen, aus denen wir schöpfen, hängt es ab, ob unser Leben gelingt oder nicht. Daher möchte ich in diesem Buch diejenigen beschreiben, die unser Leben mit immer fri-

13

schem und belebendem Wasser versorgen. Das sind für mich einmal Haltungen und Einstellungen zum Leben, die ich von den Eltern gelernt oder die ich von Natur aus mitbekommen habe. Zum andern verstehe ich darunter eine Quelle, die nie versiegt, weil sie unendlich und göttlich ist: Ich nenne sie im Folgenden die Quelle des Heiligen Geistes. Viele Menschen sehnen sich nach dieser inneren und reinen Quelle des Heiligen Geistes, der ihre Wunden heilt und ihnen Kraft gibt, um ihr immer wieder schwieriges Leben zu bewältigen. Zugleich erfahren viele die Gefährdung dieser inneren Quelle durch negative Haltungen im eigenen Leben oder durch Einflüsse von außen. Daher möchte ich damit beginnen, die trüben Quellen zu benennen, aus denen viele schöpfen. Erst wenn wir sie erkannt haben, können wir durch sie hindurch zur reinen Quelle auf dem Grund unserer Seele vordringen, die unerschöpflich ist, weil sie nicht nur aus uns selbst, sondern letztlich aus Gott heraus fließt.

1. Trübe Quellen

Immer wieder höre ich die Klage von Menschen, die am stressigen Klima der heutigen Arbeitswelt leiden. Da werden Mitarbeiter dazu angehalten, möglichst ehrgeizig zu sein und ohne Rücksicht auf ihre Kollegen an der eigenen Karriere zu arbeiten. Da werden andere Menschen wie Schachfiguren hin- und hergestellt und nur dazu benutzt, um selbst voranzukommen. Aggressives Verhalten und Durchsetzungsfähigkeit sind gefragt und werden für Führungspositionen geradezu als selbstverständliche Voraussetzung gefordert. Belastungsfähigkeit ist eine ganz selbstverständliche Tugend, die auch jederzeit unter Beweis zu stellen ist. Und jeder ist angehalten, den Druck weiterzugeben. Sowohl den eigenen Mitarbeiter wie den Lieferanten muss man solange pressen, bis er das (im Sinne des eigenen Unternehmens definierte) „Optimum" hergibt. Dass viele diesen Dauerdruck kaum mehr aushalten, interessiert nicht. Aggressive Haltungen erzeugen aber keineswegs Höchstleistung, im Gegenteil: Sie blockieren oft geradezu Kreativität und bringen neue Probleme mit sich: Angst, Unlust und Erschöpfung. Viele verinnerlichen die ständige Spannung und werden krank. Bluthochdruck ist nicht zuletzt deswegen zur Volkskrankheit geworden, weil die Menschen mit dem permanenten inneren Druck nicht mehr zurechtkommen. Wenn man von ihnen nur etwas fordert, ohne ihnen zu zeigen, aus welchen Quellen sie schöpfen können, um das Geforderte zu erfüllen, ist Überforderung die Konsequenz. Die Depressionen nehmen zu. Depression ist bei vielen ein Hilfeschrei der

Seele gegen zu hohe Anforderungen. Man spricht heute ja von Erschöpfungsdepression, die gerade dann auftritt, wenn die innere Quelle „erschöpft", d. h. versiegt ist, weil man sie zu schnell und zu wenig sensibel ausbeuten wollte.

Ob unsere Arbeit aus einer trüben oder klaren Quelle strömt, das spüren wir schon an der Ausstrahlung der Menschen. Ein Mitarbeiter einer großen Firma erzählte mir von einem Abteilungsleiter, der 14 Stunden am Tag arbeitete. Trotzdem war seine Abteilung die unzufriedenste im ganzen Gelände. Wenn wir fragen, warum?, dann wird schnell klar: Er arbeitete soviel, um sich gegenüber Kritik unangreifbar zu machen. Er wollte sich den Mitarbeitern und ihren Anliegen nicht stellen, sondern verschanzte sich hinter der Arbeit. Immer wenn jemand sagt: „Du musst erst einmal genauso viel arbeiten wie ich, dann kannst du mitreden", dürfen wir davon ausgehen, dass er aus einer trüben Quelle schöpft. Er arbeitet so viel, um sich der Verunsicherung durch andere Mitarbeiter nicht zu stellen. Oder er versteckt sich hinter seiner Arbeit, um der Kritik seiner Kinder und seiner Frau aus dem Weg zu gehen. Wenn seine Kinder von ihm wünschen, dass er Zeit für sie habe, antwortet er: „Was soll ich denn noch machen? Ich tue doch schon soviel!" Von einer solchen Haltung geht etwas Aggressives aus. Man kann sich täglich noch so abrackern, die Rackerei wird keinen Segen bringen, sondern Unzufriedenheit und Bitterkeit produzieren. Wer aus der Quelle des Heiligen Geistes schöpft, von dem geht Leichtigkeit, Fruchtbarkeit und Lebendigkeit aus. Er wird auch seine Mitarbeiter anstecken, dass sie Lust an der Arbeit bekommen. Aus ihm wird nicht nur die Arbeit strömen, sondern er fühlt sich in sich lebendig. Es strömt aus ihm heraus, ohne dass er davon erschöpft wird. Damit wir diese reine Quelle in uns entdecken, müssen wir uns erst den trüben Quellen stellen, um durch sie hindurch zu den klaren Quellen auf dem Grund unserer Seele zu stoßen.

Negative Emotionen

Negative Emotionen trüben die Quellen, aus denen wir schöpfen. Unsere Emotionen haben bekanntlich verschiedene Wirkungen auf unser Leben. Sie färben es positiv und negativ ein. Sie haben eine belebende Wirkung, können aber auch destruktiv und zerstörerisch wirken. Wenn sie unser Leben negativ bestimmen, dann werden sie schließlich zu Haltungen, die sich einprägen und unser Verhalten immer wieder prägen und bestimmen.

Angst etwa kann eine warnende und damit lebensfördernde positive Rolle in unserem Leben spielen. Aber als destruktive Kraft überwältigt sie uns, lähmt und blockiert uns. Wenn ich einem andern Menschen voller Angst begegne, dann ist es mehr als nur anstrengend für mich. Oft weiß ich dann gar nicht, was ich sagen soll. Ich bekomme kein Wort heraus. Angst hindert mich, das zu tun, was ich normalerweise tun würde. Ich lasse mich vom andern bestimmen. Neben dieser sozialen Angst vor dem andern und seinem Urteil gibt es auch die Angst, etwas Verkehrtes zu tun oder die Angst, schuldig zu werden: Lieber tue ich gar nichts, als Schuld auf mich zu laden. Wieder andere leiden unter ganz konkreten Phobien. Da ist z. B. die Prüfungsangst: Wenn man mit Menschen spricht, die darunter leiden, wissen sie alles. Aber in der Situation der Prüfung hindert sie die Panik, das Wissen, das in ihnen steckt, abzurufen. Sie fühlen sich wie abgeschnitten von ihrem Denken. Angst hat die Tendenz, uns immer mehr zu be-

17

setzen. Wer an Prüfungsangst leidet, ist auf seine Angst so fixiert, dass sie ihn schon lange vor der Prüfung blockiert. Er kann dann schon nicht mehr richtig lernen und verliert den Kontakt mit seinen Fähigkeiten. Die Angst kostet ihn viel Kraft. Er hat letztlich Angst vor der Angst und steigert sich immer mehr in eine ausweglos scheinende Situation hinein.

Ehrgeiz, zumindest wenn er übertrieben ist, kann die Quellen unserer Kraft und unsere Möglichkeiten der Regeneration ebenfalls trüben. Ein gewisser Ehrgeiz ist durchaus etwas Positives, insofern er uns hilft, sorgfältig zu arbeiten und uns anzustrengen, damit wir unsere Fähigkeiten entfalten. Aber Ehrgeiz kann zu einem inneren Gefängnis werden, aus dem wir nur schwer zu entrinnen vermögen. Das deutsche Wort Ehrgeiz kommt von Gier: Gier nach Ehre, nach Ansehen, nach Anerkennung und Berühmtheit. Wer sich davon treiben lässt, der verliert den Kontakt mit sich selbst und mit dem, was er gerade tut. Er wird von der Gier getrieben. Die Gier stachelt zwar seine Kräfte an. Aber da er sie nicht aus einer tiefer liegenden Quelle bezieht, sondern nur aus seinem eigenen Willen, treibt er Raubbau mit sich selbst und beutet seine Energiequelle rücksichtslos aus. Durch einen sich verselbständigenden Ehrgeiz bekommt die Arbeit oft etwas Hartes. Es gibt Ehrgeizige, die über Leichen gehen. Es geht ihnen nur um eines: die eigene Ehre, das eigene Fortkommen. Die anderen lassen sie gleichgültig. Im Berufsleben gilt starker Ehrgeiz als Antriebskraft und Motivation heute durchaus als positive Eigenschaft. Seine destruktiven Folgen beschränken sich jedoch nicht nur auf die Arbeitswelt. Auch im familiären und privaten Bereich ist zu starker Ehrgeiz immer schädlich. Wenn ich in der Kindererziehung ehrgeizig bin, dann geht es mir ja nicht um die Ehre und Achtung der Kinder, sondern letztlich um mich, der mit den Kindern angeben möchte. Ich benutze die Kinder für mich selbst. Das ist eine trübe Quelle, die das Miteinander in der Familie erschwert.

Arbeitssucht ist heute eine gesellschaftlich akzeptierte Sucht, man spricht von worcoholics. Sucht steht dem Gieren nach Ehre nahe. Der Süchtige ist abhängig von dem, was er leidenschaftlich sucht. Er hat Angst, sich selbst in dem zu spüren, was seine Wahrheit ausmacht und möchte sich daher mit seiner Sucht betäuben. Manche Betriebe stellen Arbeitssüchtige als Manager ein. Sie denken, das sei für sie optimal, denn die würden ja viel arbeiten und das würde der Firma zugute kommen. Arbeitssüchtige arbeiten zwar viel, aber es kommt nichts dabei heraus. Denn sie brauchen die Arbeit, um ihre innere Leere zu verbergen. Sie verkrampfen sich in Geschäftigkeit. Aber weil sie keinen Abstand zur Arbeit finden, sind sie nicht kreativ oder innovativ. Sie werden blind. Die Hauptsache ist, dass sie immer zu arbeiten haben. Sie haben zwar den Eindruck, dass sie sich nützlich machen, dass sie gebraucht werden. Sie ziehen jede Arbeit an sich. Aber sie bewegen nicht viel. Arbeitssucht ist eine trübe Quelle. Wer aus ihr schöpft, der erschöpft sich nicht nur sich selbst, sondern auch die Menschen in seiner Umgebung. Seine Arbeit wird weder für ihn noch für andere zum Segen.

Perfektionismus ist eine andere trübe Quelle: Wer alles richtig machen will, der setzt sich ständig unter Druck. Und dieser innere Druck lähmt ihn auch und raubt ihm letztlich alle Energie. Der Perfektionist kann sich nicht auf die Arbeit einlassen und sich bei der Arbeit vergessen. Er überlegt vielmehr ständig, ob er auch alles richtig macht. Er setzt sich selber unter Druck, fehlerlos zu arbeiten. Doch dieser Druck führt oft gerade erst zu Fehlern. Manchmal ist der Perfektionist mehr auf die perfekte Ausübung der Arbeit fixiert, manchmal mehr auf das Urteil der Mitmenschen, auf das, was andere von ihm denken könnten. Beides schneidet ihn von seiner inneren Quelle ab.

Sich selbst etwas beweisen zu wollen: auch das ist eine verbreitete Haltung, und auch das kann uns auslaugen. Immer dann, wenn wir uns nicht auf die Arbeit oder auf die Menschen einlassen, sondern um uns kreisen, um unsere Beachtung, unsern Erfolg, unsere Bestätigung, schöpfen wir aus einer trüben Quelle, die uns bald erschöpft. Henri Nouwen, ein erfolgreicher Universitätsprofessor und geistlicher Begleiter, erzählt in dem Bericht „Ich hörte auf die Stille" von einem Gespräch mit John Eudes Bamberger, dem Abt des Trappistenklosters, in das er sich auf der Suche nach Neuorientierung seines Lebens zurückgezogen hatte. Er sagte dem Abt, dass er häufig nach Vorlesungen und nach Gesprächen mit Klienten völlig erschöpft sei. Die Antwort war klar und unmissverständlich: „Du bist erschöpft, weil du jedem, der in deine Vorlesung kommt, beweisen willst, dass er die richtige Vorlesung gewählt hat. Und jedem Klienten willst du beweisen, dass er den richtigen Therapeuten gewählt hat. Dieses Dich-Beweisen-wollen erschöpft dich. Wenn du aus der Quelle des Gebetes schöpfen würdest, wäre deine Vorlesung nicht anstrengend." Mir leuchtete diese Bemerkung sofort ein, als ich sie las. Es war mir selbst so gegangen: Als ich vor zwanzig Jahren Vorträge hielt, setzte ich mich oft unter Druck. Ich wollte den Zuhörern beweisen, dass ich ein guter Redner sei. Ich litt unter der ehrgeizigen Vorstellung, alle sollten zufrieden den Saal verlassen. Einen Vortrag zu halten ist nicht anstrengend, wenn man den Kehlkopf nicht falsch einsetzt. Anstrengend wird er durch den Druck, den wir uns selbst machen. Sei es der Ehrgeiz, andere zu übertreffen oder sei es der Druck, sich beweisen zu müssen, oder der Anspruch, alle zufrieden zu stellen, bei allen beliebt zu sein, von allen anerkannt zu werden: All diese inneren Haltungen führen zur Erschöpfung. Wenn ich einfach sage, was mein Herz bewegt, dann raubt mir der Vortrag nicht nur keine Energie, sondern ich werde beim Sprechen sogar noch lebendiger und frischer.

Sich selbst unter Erwartungsdruck zu setzen, auch das ist eine Haltung, der ich oft begegne. Im Gespräch mit Lehrern erfahre ich häufig, dass sie meinen, ihre Stunden optimal vorbereiten zu müssen. Sie brauchen sehr lange, bis die Stunde so „steht", dass sie damit zufrieden sind. Aber auf diese Weise werden sie nicht nur nie fertig mit der Arbeit. Sie verlieren auch die Lust an der Arbeit. Sie haben keinen Spaß daran, kreativ zu sein und neue Wege im Unterricht auszuprobieren. Woher kommt dieser Druck, es möglichst gut zu machen? Und wer macht ihnen diesen Druck? Wenn ich diese Frage stelle, höre ich: die Schule sei dafür verantwortlich, der Direktor erwarte von ihnen perfekte Arbeit, oder die Eltern stünden ihnen im Nacken. Meine Antwort ist: Letztlich bin ich es immer selbst, der sich den Druck macht. Ich beuge mich vor irgendwelchen Ansprüchen, vor den Ansprüchen meines eigenen Über-Ichs oder vor den Erwartungen anderer. Dabei sind wir frei, zu sagen: Ich muss ja die Erwartungen nicht erfüllen. Die anderen dürfen ja ihre Erwartungen ruhig haben. Aber ich bin frei, wieweit ich ihnen entsprechen will.

Ähnlich wie den Lehrern geht es vielen Pfarrern. Sie setzen sich vor jeder Predigt unter Druck, weil sie sich vor irgendwelchen Zuhörern profilieren wollen. Die einen wollen die

Akademiker unter den Zuhörern ansprechen, die andern den einfachen Mann auf der Straße oder die Hausfrau, die in der Bank vor ihnen sitzt. Oder sie wollen vor allem junge Menschen erreichen und suchen krampfhaft nach einer unkonventionellen oder „modernen" Sprache, die den Jargon der Jugendlichen nachahmt. Ich frage dann meist: Bilden sie sich nicht ein Phantom von den Zuhörern? Und ich bin überzeugt: Sie machen sich ein Bild davon, anstatt sich einfach auf die konkreten Zuhörer und Zuhörerinnen einzustellen und ihnen das zu sagen, was ihr eigenes Herz bewegt. Oft ist es die Messlatte eigener Absichten und persönlicher Ziele, die einen unter Druck setzt, etwas besonders gut zu machen. Die Hörer merken sehr wohl, ob der Prediger etwas bezwecken will oder ob er durchlässig ist für den Geist Gottes, der durch ihn sprechen möchte.

Was ich bei Lehrern und Pfarrern beobachte, gilt letztlich für alle Menschen, die etwas von sich in der Öffentlichkeit zeigen müssen: für Redner, Politiker, Führungskräfte. Aber auch für Verkäufer und Vertreter. Auch da erlebe ich viele, die sich unter Druck setzen. Man merkt es ihnen an, dass sie ihre Verkaufsseminare verinnerlicht haben. Aber ich begegne dann nicht Menschen, sondern Vertretern einer Firma, die nur ihre Rolle spielen. Und ich spüre, wie viel Energie bei diesen Menschen verloren geht, weil sie auf die richtige Präsentation fixiert sind, aber nicht in Berührung sind mit sich selbst. Sie wollen möglichst viel Umsatz machen und ihre Produkte effizient anpreisen – und verleugnen dadurch ihre Persönlichkeit. „Ich kaufe jemand etwas ab", das heißt in unserer Alltagssprache oft nichts anderes als: „Er erscheint mir glaubwürdig." Bei mir erreichen Vertreter, die mir ein Loch in den Bauch reden, nur um ihre Waren loszuwerden, nicht viel. Sie gehen in ihrer

Rolle auf. Ich nehme den Menschen nicht wahr, der dahinter steht. Weil ich sie als Menschen nicht spüre, erzeugen sie in mir instinktiv eher Abwehr, als dass ich bereit wäre, ihnen etwas abzukaufen. Anderen wird es ähnlich gehen – was ihr Leben nicht leichter und wirklichen Erfolg eher schwer macht.

Rivalität und Konkurrenzdruck bestimmen heute vielfach das Zusammenleben. Wie oft sind wir nicht bei dem, was wir im Moment tun, sondern vergleichen uns ständig mit andern. Wir fühlen die anderen als Rivalen. Wir setzen uns selber unter den Druck: Wir müssen besser sein als die anderen. Sonst kommen wir im Beruf nicht weiter, sonst schneiden wir in der Beurteilung durch unsere Umgebung schlechter ab. Solches Konkurrenzdenken hat seine Ursache immer in mangelndem Selbstwertgefühl. Weil ich mit mir selbst nicht zufrieden bin, muss ich meinen Wert vor andern beweisen, indem ich sie übertreffe. Wer mit sich im Einklang ist, der kann sich auf das Leben einlassen, so wie es ist. Er hat es nicht nötig, sich ständig mit anderen zu vergleichen. Der Vergleich mit anderen raubt Energie, Konkurrenzdenken ist anstrengend. Wir fühlen uns von allen Seiten von Leuten umgeben, die uns übertreffen möchten, und müssen ständig auf der Hut sein, die Angriffe der Rivalen abzuwehren und uns durchzusetzen. Doch oft sind es Scheingefechte, die wir führen. Sie sind nutzlos und kosten uns nur viel Energie.

Kontrollzwang, der Drang alles überprüfen zu müssen und kontrollieren zu wollen, ist eine andere trübe Quelle. Wir wollen unsere Emotionen unter Kontrolle halten. Wir haben Angst, dass wir unsere Beherrschung verlieren. Die anderen könnten ja unsere Schwächen und unsere unterdrückten Emotionen mitbekommen. Oder wir möchten unser eigenes Leben kon-

23

trollieren. Wir möchten für alles vorsorgen. Es gibt Menschen, die ihre Umgebung, ihre Mitmenschen und ihre gesamte Umgebung, kontrollieren müssen. Für sie muss alles klar sein, geordnet, unter Kontrolle. Sonst haben sie Angst, das Leben könne ihnen entgleiten. So verständlich es auch sein mag: unser Streben nach Sicherheit und der permanente Druck, alles unter Kontrolle zu haben, saugt uns aus. Wir fühlen uns bald überfordert. Denn wir haben Angst, dass wir doch die Kontrolle verlieren könnten. Es ist ein Gesetz der Psychologie, dass dem, der alles kontrollieren möchte, alles außer Kontrolle gerät. Vertrauen entlastet uns. Und Angst führt oft dazu, immer noch mehr kontrollieren zu wollen, anstatt loszulassen. „Vertrauen ist gut, Kontrolle ist besser", dieser Lenin zugeschriebene Spruch schafft keine entspannte Atmosphäre unter Menschen. Oft ist es sicherlich überlebensnotwendig, dass einer seine Gefühle kontrolliert. Ich habe etwa eine Frau begleitet, die sexuell missbraucht worden ist und für die es aufgrund ihrer traumatischen Erfahrung wichtig war, ihre Gefühle zu kontrollieren. Denn sie wollte nicht nochmals in die Situation des Missbrauchs geraten. Aber zugleich litt sie unter ihrem Kontrollzwang, weil er sie von der Quelle ihrer Gefühle abschnitt. Ihr Leben wurde anstrengend. Sie fühlte sich müde und leer. Sie musste mit großer Geduld erst wieder lernen, loszulassen und sich dem Leben und letztlich Gott anzuvertrauen. So bekam sie wieder Zugang zu ihren Gefühlen und zu ihrer Energie, und erst als ihr dies möglich geworden war, blühte neue Lebensfreude auf.

Mangelnde Selbstsicherheit ist ebenfalls gefährlich: Wer wenig Selbstwertgefühl hat, der erlebt andere oft als Bedrohung. Ich kenne Menschen, die sich mit großer Mühe ein wenig Selbstvertrauen aufgebaut haben. Sie haben eine gewisse

Sicherheit vor anderen erworben, verstehen, sicher aufzutreten und sich nicht gleich immer in Frage zu stellen. Doch dann geraten sie an Menschen, die ihnen die ganze Energie rauben. Es gibt Menschen, die ihre Achillesferse zu kennen scheinen. Und aus dieser verwundbaren Stelle ziehen sie ihnen alle Energie ab. Manchmal fragen sie sich, warum sie sich ausgerechnet in der Nähe dieses Menschen so schwach fühlen. Wer ihre Geschichte näher kennt, wird oft merken, dass das mit ihrer Mutterbeziehung zusammenhängt. Wenn ihre Mutter ihnen kein Urvertrauen geschenkt hat, sondern ständig an ihnen herum kritisiert hat, dann treffen sie immer wieder auf Frauen, die eine ähnliche Ausstrahlung wie ihre Mutter haben. Und die lassen ihre innere Quelle schnell versiegen. Es scheint, als ob diese „Mutter-Frauen" einen geheimen Zugang zu ihrer Kraftquelle haben und sie anzapfen. Viele können sich kaum dagegen wehren.

Es gibt diesen ganz bestimmten Typ von Männern und Frauen, die einem die eigene Kraft wegziehen. Eine Frau erzählte mir, dass sie in der Nähe ihres Mannes immer schwächer werde. Er muss sich und ihr seine Stärke offensichtlich dadurch beweisen, indem er sie erniedrigt. Das lähmt sie. Manchmal sind es auch depressive Männer, die einen aussaugen. Es ist, als ob sie einen Saugschlauch an unsere schwächste Stelle legen und alle Energie von uns absaugen. Warum fühlen wir uns in der Gegenwart mancher Männer und Frauen einfach schwächer? Warum gewinnen gerade diese Menschen solche Kraft über uns? Ich kann es mir nur so erklären: Oft sind es Menschen, die sich selbst verboten haben, aus ihrer eigenen Kraft zu leben. Sie haben etwas Destruktives an sich, etwas, das Leben verhindert. Und sie können dann auch nicht zulassen, dass in anderen Leben auf-

25

blüht. In Gesprächen merke ich, dass Menschen, die sich in idealistische Vorstellungen flüchten, aber die Realität nicht wahrhaben wollen, mir Energie rauben. Ich habe den Eindruck, dass ich gegen eine Gummiwand rede. Solche Menschen haben etwas Unbestimmtes, Unklares an sich. Hinter ihren hohen Idealen nehme ich ihre bedürftige Seite wahr. Aber ich komme nicht an sie heran. Ein solches Gespräch erlebe ich als anstrengend. Oft berühren diese Menschen meine eigene lebensverneinende Seite. Auch wenn ich diese destruktive Seite normalerweise überwunden habe – wenn ich bestimmten Menschen begegne, wird sie in mir wieder aktiviert. Wichtig und ein erster Schritt zur Heilung ist es, sich diese Zusammenhänge erst einmal bewusst zu machen.

Depression ist eine Krankheit, unter der heute viele Menschen leiden. Wenn die Depression sie überfällt, fühlen sie sich antriebsschwach. Alles wird für sie dann schwierig, schleppend und anstrengend. Sie haben den Eindruck, kraftlos zu sein. Die kleinsten Tätigkeiten kosten unendlich viel Anstrengung. Viele wissen, dass es ihnen gut tut, im Wald spazieren zu gehen. Aber nicht einmal dazu können sie sich aufraffen. Alles scheint wie gelähmt. Sie haben keinen Antrieb, auch nur irgendetwas zu tun. Am liebsten würden sie den ganzen Tag im Bett liegen bleiben. Aber auch das macht sie nicht zufrieden. Manche versuchen dann, gegen ihre depressiven Verstimmungen anzugehen und zwingen sich, etwas zu tun. Sie arbeiten wie gewohnt. Aber danach fühlen sie sich völlig erschöpft. Oft genug ist die Depression eine Einladung, sich mehr Ruhe zu gönnen und in der Ruhe die innere Quelle zu suchen, die tiefer ist als der eigene Wille, der eigene Ehrgeiz oder das mit Leistung verbundene Selbstbild.

Die Depression hat viele Ursachen, körperliche und seelische, Ursachen in den Lebensumständen oder in der eigenen Psyche. Daniel Hell, ein Schweizer Psychiater meint, bei vielen Menschen sei die Depression ein Hilfeschrei der Seele gegen zu große Veränderungen oder gegen das Entwurzeltsein. Der Mensch braucht Orte, an denen er sich einwurzeln kann. Wer immer unterwegs ist und nie zur Ruhe kommt, bei dem reagiert die Seele oft mit depressiven Verstimmungen. Eine andere Ursache kann Erschöpfung sein. Man spricht ja auch von Erschöpfungsdepression. Die Depression zeigt uns oft auch an, dass wir unser Maß überschritten haben. Wir haben nicht auf die Signale unserer Seele gehört, die uns zur Ruhe mahnte. So muss die Seele in der Depression lauter schreien, damit sie endlich gehört wird. Wenn es so ist, dann wäre die Depression auch eine Einladung, zur Ruhe zu kommen und sich an die inneren Quellen zu setzen, die uns erfrischen und laben.

Ärger ist für viele der eigentliche Verschmutzer ihrer inneren Quelle. Wenn ich bei Vorträgen die trüben Quellen erwähnte, aus denen wir so oft schöpfen, dann wurde ich meistens auf den Ärger angesprochen. Das ist ein Gefühl, das von verschiedensten Anlässen provoziert wird und unser Leben vergällen kann. Die Menschen, die davon erzählen, möchten den Ärger nicht, sie können sich aber kaum dagegen wehren. Sie lassen sich von anderen Menschen zu sehr bestimmen. Sie sind nicht mit sich selbst in Berührung. Sie schützen ihre innere Quelle nicht, sondern lassen andere darauf herumtrampeln und sie trüben. Ärger verunreinigt unsere innere Quelle. Oft schneidet er uns auch ganz davon ab. Der Ärger ist dann so stark in uns, dass er unser ganzes Denken und Fühlen bestimmt. Diese negative Emotion bindet unsere Energie, so dass sie nicht mehr fließen kann. Das deutsche Wort „Ärger" ist der Komparativ zu „arg", das „schlimm, böse, schlecht" bedeutet. Ärgern heißt dann: etwas schlimmer machen. Ärgern hängt aber auch mit der Wurzel „ergh = erregt sein, beben" zusammen. Der Ärger ist eine heftige innere Bewegung, die uns soviel Kraft kostet, dass wir von der inneren Quelle abgeschnitten werden. Im Ärger geben wir andern Menschen Macht über uns und lassen uns von ihnen lähmen und bestimmen. Es ist wichtig, dass wir den Ärger anschauen, seinen Grund – und damit möglicherweise auch einen sinnvollen Hinweischarakter – erkennen und uns von dem distanzieren, was uns an ihm belastet oder zu überwältigen droht. Nur so kommen wir wieder in Berührung mit der inneren Quelle, die unterhalb des Ärgers in uns sprudelt.

Destruktive Lebensmuster

Wir können die angesprochenen Emotionen von Angst, Ehrgeiz, Sucht, Perfektionismus, Depressivität und Ärger nicht einfach mit dem Willen und sicher auch nicht von heute auf morgen ändern. Sie haben sich in uns oft zu Haltungen verfestigt, wie ein Muster eingeprägt. Und von solchen lähmenden Lebensmustern kommen wir nur frei, wenn wir nach den Ursachen fragen. Dazu ist zunächst einmal notwendig, die Muster zu durchschauen. Die Lebensmuster entstanden schon früh in der Kindheit, entweder durch Erfahrungen, die wir gemacht haben, oder verbale und nonverbale Botschaften, die wir immer wieder gehört haben. Solche „Botschaften" haben sich in unsere Seele tief eingegraben und prägen unser Verhalten auf die Situationen des Alltags. Wir wissen gar nicht, warum wir so ängstlich oder depressiv reagieren, oder warum uns etwas erschöpft. Wir müssen, wie gesagt, die Muster entdecken, die dahinter liegen. Erst dann können wir uns auch davon distanzieren und durch den Abstand eine andere Perspektive und neue Einheit gewinnen.

Eine Haltung, die aus der eigenen Lebensgeschichte kommt, rührt aus einem tiefen Gefühl der eigenen Wertlosigkeit. Wer von dieser Angst bestimmt wird, der steht ständig unter Druck, seinen Wert beweisen zu müssen. Er möchte das tun, indem er möglichst viel und gut arbeitet, oder indem er alles richtig macht. Ein solches von Angst eingeführtes Bewusstsein, führt fromme Menschen zum Beispiel dazu, vor Gott alles richtig machen zu wollen, indem sie peinlich genau alle Gebote erfüllen. Oder sie führt zu dem Gefühl, immer mehr leisten zu müssen, damit man sich selbst als wertvoll erlebt oder andere den eigenen Wert erkennen und anerkennen. Doch wer von dieser Angst beherrscht wird, der kann noch soviel arbeiten, er wird nie die Wertschätzung erleben, nach der er sich sehnt. Er strampelt sich ab und fühlt sich bald überfordert und erschöpft. Viele haben als Kinder erfahren, dass sie funktionieren müssen. Die Leistung war der einzige Weg, Zuwendung der Erwachsenen, der Eltern oder der Lehrer, zu bekommen. Diese Fixierung auf die Leistung hat dazu geführt, dass sie ihre Gefühle völlig verdrängt haben. Anfangs war das vielleicht durchaus hilfreich. Denn auf diese Weise konnten sie viel leisten. Doch irgendwann, oft erst als 50-Jährige, fühlen sie sich von ihren Gefühlen völlig abgeschnitten. Und dann wird die Arbeit auch anstrengend. Sie funktionieren, aber sie sind antriebslos. Die Emotionen sind – wie schon ihr Name sagt (Emotion kommt von emovere = herausbewegen) – durchaus Kräfte, die uns in Bewegung bringen. Menschen, die ohne emotionalen Antrieb sind,

29

müssen alles mit Verstand und Willen tun. Doch ohne Emotionen sind Verstand und Willen wie ein Motor, der nicht geölt ist und daher heiß läuft.

Eine andere Angst ist die Angst vor der eigenen Schuldhaftigkeit und das tief sitzende Gefühl, allein durch sein Dasein Schuld auf sich geladen zu haben. Solche Menschen entschuldigen sich ständig, wenn sie um ein Gespräch bitten. Sie haben das Gefühl, Schuld auf sich zu laden, wenn sie andere Menschen beanspruchen und ihnen ihre Zeit „stehlen". Und nicht selten versuchen solche Menschen dann, ihre vermeintliche Schuld dadurch abzuzahlen, dass sie sich für andere völlig verausgaben. Sie helfen andern nicht, weil sie Freude am Helfen haben, sondern weil sie unter dem Druck stehen, eine Schuld abzuzahlen. Doch eine solche innere Haltung führt dazu, dass sie kein Gespür für die eigenen Grenzen haben. Schuldgefühle sind kein guter Antrieb für unser Tun. Sie beuten uns aus und hindern uns daran, uns über unser Handeln zu freuen. Es ist immer zu wenig, was wir tun. Schuldgefühle sind unersättlich, und ihre Dynamik zehrt an uns: Sie treiben uns immer mehr an, über unsere Kräfte hinaus eine Leistung zu erbringen, um diese unangenehmen Gefühle loszuwerden. Wer von dieser Grundangst geprägt ist, der braucht nur etwas zu tun, was seinem eigenen Idealbild widerspricht, und schon wird er von heftigen Schuldgefühlen zerrissen, die ihm alle Energie rauben.

Eine Frau konnte sich nicht verzeihen, dass sie ihre schwerkranke, demente Mutter ins Pflegeheim gebracht hatte. Auch durch den Tod der Mutter lösten sich ihre Schuldgefühle nicht auf. Vielmehr wacht sie immer noch täglich mit dem Schuldgefühl auf und schläft abends mit Selbstvorwürfen ein. Es ist ihr

30

keine Hilfe, wenn man rational argumentiert und ihr sagt: Objektiv war keine andere Lösung möglich. Die Pflege hätte ihre Kräfte tatsächlich überstiegen. Solche „vernünftigen" Überlegungen lösen aber Schuldgefühle dieser Art nicht auf. Schuldgefühle trüben unsere Quelle oder lassen sie völlig versiegen. Und es ist für einen davon infizierten Menschen ganz sicher nicht einfach, durch diese Schuldgefühle hindurch auf den Grund seiner Seele zu gelangen, auf dem die klare Quelle sprudelt, die nicht von Selbstvorwürfen infiziert, sondern rein ist und neue Kräfte schenkt. Er muss sich erst von der Illusion verabschieden, als ob er sein Leben lang mit einer weißen Weste herumlaufen könne. Solange er meint, er könne leben, ohne schuldig zu werden, bekommt er keinen Zugang zu seiner inneren Quelle.

Eine Frau, die eine verantwortliche Stellung innehatte, fühlte sich erschöpft. Sie beantragte eine Kur, um sich zu erholen. Doch diese Kur brachte nicht viel. Sie machte eine zweite Kur und war immer noch müde. In Gesprächen wurde klar, dass eine rein körperliche Erholung nicht weiter helfen konnte. Die Ursache ihrer Erschöpfung war ihr Lebensmuster. Sie war auf einem Bauernhof aufgewachsen. Ihr Vater war Knecht bei seinem eigenen Bruder, bei ihrem Onkel also. Der Onkel war selber kinderlos und daher eifersüchtig auf seinen Bruder. Die inzwischen erwachsene Frau – die älteste von vier Kindern – stand schon als Kind immer unter Druck. Damals war es der Druck, die Erwartungen des Onkels möglichst gut zu erfüllen und dafür zu sorgen, dass es keinen Streit gab zwischen ihrem Vater und ihrem Onkel. Zwei grundsätzliche Befürchtungen trieben sie als Kind schon um – und überforderten sie schon damals: „Hoffentlich gibt es keinen Streit. Hoffentlich schaffe ich das, was von mir er-

31

wartet wird." Man kann sich vorstellen, dass diese beiden Sätze grundsätzlich und zwar für jeden, der Verantwortung hat, eine Überforderung sind. Wer nach diesem Prinzip lebt, für den sind sie wie eine trübe Quelle, aus der er schöpft. Jede Führungskraft erfährt, dass sie sich mit Konflikten auseinander setzen muss. Wenn mir jeder Konflikt den Boden unter den Füßen wegzieht, raubt er mir viel Energie. Dann bin ich bei jedem Konflikt erschöpft. Ich habe keine Kraft, mich Auseinandersetzungen zu stellen. Es gibt Menschen, die sich von Konflikten positiv herausgefordert fühlen. Sie haben Lust, sie zu lösen. Es macht ihnen Spaß. Doch wer von so einem Lebensmuster geprägt ist, bei dem lösen Spannungen und Gegensätze Angst aus. Sie erinnern ihn an die bedrohliche Situation in der Kindheit. Ein Kind möchte Geborgenheit und Sicherheit erfahren. Konflikte zerbrechen das Gefühl von Geborgenheit und machen Angst. Wer aus der trüben Quelle der Konfliktangst schöpft, wird immer wieder an Erschöpfung leiden. Da hilft es nicht, einen guten Urlaub oder eine vierwöchige Kur zu machen. Da muss ich an meinen Lebensmustern arbeiten. Und ich muss mich schließlich auch von ihnen verabschieden.

Das zweite Lebensmuster, das die Frau erschöpfte, war der Druck, alle Erwartungen erfüllen zu müssen. Keiner kann es allen recht machen. Aber wenn ich mich unter Druck setze, alle Erwartungen meiner Umgebung zu erfüllen, dann werde ich mich immer heillos überfordert fühlen. Manchmal sind es reale Erwartungen der Umgebung, oft aber auch nur eingebildete Erwartungen. Ich bilde mir ein, es allen recht machen zu müssen. Doch ich weiß ja gar nicht, was die wirklich von mir wollen. Wenn ich auf die Erwartungen der anderen fixiert bin, gerate ich in die Grübelfalle: Wie kann ich sie alle erfüllen? Ich drehe mich im Kreis. Und bald wird mir schwindlig. Meine Kraft geht mir immer mehr aus. Letztlich ist es also gar nicht so wichtig, was die anderen wollen. Ich muss in mir spüren, was für mich stimmt. Nur wenn ich so mit mir selber in Kontakt komme, werde ich auch an meine inneren Ressourcen kommen.

Eine andere Frau hatte seit ihrer frühen Kindheit in sich das Muster, dass sie bei allem, was sie tat, fragen musste: „Ist es auch richtig, was ich getan habe?" Letztlich stand dahinter eine ganz andere Unsicherheit: „Bin ich auch richtig? Darf ich so sein, wie ich bin?" Dieses Lebensmuster hat die Frau viel Kraft gekostet. Und sie muss immer wieder dagegen angehen, um an ihre Kraftquelle zu gelangen. Die Frage, ob sie selber denn „richtig" sei, stellt sich ihr auf ihrem Weg zur inneren Quelle immer wieder entgegen, und verstellt ihr den Zugang zu Kreativität und Lebensfreude.

Seit 14 Jahren arbeite ich in der Begleitung von in der Seelsorge engagierten Menschen, die unter dem burn-out-Syndrom leiden. In Gesprächen geht es häufig um die Frage, warum so viele von ihnen ausgebrannt sind. Ein Therapeut aus dem Team hat seine Antwort so formuliert: „Wer viel gibt, der braucht auch viel." Einen solchen Satz darf man sicher nicht verallgemeinern. Aber auf viele erschöpfte Seelsorger trifft er zu. Sie geben viel, weil sie viel brauchen. Sie setzen sich für die Gemeinde ein, weil sie beliebt sein wollen, weil sie Zuwendung, Bestätigung, Anerkennung brauchen. Doch wer gibt, weil er Anerkennung und Zuwendung will, der wird nie bekommen, was er erwartet. Er ist in kurzer Zeit erschöpft. Häufig hat auch dieses Lebensmuster in Erfahrungen der Kindheit seinen Ursprung. Vor allem Priester mit einer zu großen Mutterbindung laufen Gefahr, die Gemeinde als Ersatzmutter anzusehen. Ein Priester opferte sich für seine Gemeinde auf. Er wollte sich in der Gemeinde daheim fühlen. Doch keine Pfarrgemeinde kann dem Priester zur Heimat werden. Damit ist sie – und damit wären die konkreten Menschen in ihr – überfordert. Die zu großen Erwartungen des Priesters an sie sind letztlich seine Erwartungen an die Mutter, die er auf die Gemeinde projiziert. Wie seiner Mutter gegenüber möchte er auch vor der Gemeinde immer der brave Junge, der liebe Kerl, sein, bei allen beliebt und anerkannt. Doch das führt dazu, dass er sich ständig überfordert. Schon die geringste Kritik wirft ihn völlig aus der Bahn. Er möchte es doch allen Recht machen und bei allen beliebt sein.

Solche Muster erleben wir häufig auch in Firmen. Wenn jemand mit einer starken Mutterbindung seine Firma als Ersatzmutter sieht, schöpft er ständig aus einer trüben Quelle. Er tut alles für die Firma, um bei allen beliebt zu sein. Aber er hat das Gefühl, dass sein Einsatz nie genügt. Er bekommt einfach nicht, wonach er sich in seinem Herzen sehnt. Gleichgültig ob die zu große Mutterbindung in der übertriebenen Zuwendung der Mutter oder aber in der Enttäuschung an der Mutter ihre Ursache hat: Man möchte dann in der Firma entweder die gleiche Zuwendung wie von der Mutter erfahren, oder aber man sieht in ihr einen Ersatz für die mangelnde Mutterliebe. Beides führt notwendigerweise zur Überforderung.

Ein Mann erzählt, dass die Ehe seiner Eltern sehr brüchig war, als er selber gerade einmal 12 Jahre alt war. Die gespannte Atmosphäre zwischen den Eltern führte dazu, dass er seine eigenen Bedürfnisse nicht zu äußern wagte. Die Eltern waren so mit sich beschäftigt, dass er ihnen nicht auch noch Kummer machen wollte. So hat er gelernt, seine eigenen Bedürfnisse immer zu unterdrücken. Als Erwachsener versuchte er – jetzt in verantwortlicher Position in seinem Beruf –, auf die Bedürfnisse der Mitarbeiter zu schauen und sie nach Möglichkeit zu befriedigen. Doch das führte zu seinem völligen Zusammenbruch. Er spürte, dass er auch selber Bedürfnisse hatte und lernte allmählich: Nur wenn er sich und seine Bedürftigkeit ernst nahm und für sich selbst gut sorgte, konnte er auch seine Aufgabe als Führungskraft erfüllen, ohne seine Kraft zu verlieren.

Eine Lehrerin setzte sich vorbildlich für ihre Schüler ein, aber sie litt immer wieder an Erschöpfungszuständen. Im Gespräch deutete sie dies so, dass sie sagte, es sei ihr pädagogischer Eros, der sie zur Erschöpfung treibe. Doch wer sich wirklich vom Eros bewegen lässt, der hat Lust an seiner erzieherischen Arbeit. Und wer Lust hat an dem, was er tut, ist nicht so schnell erschöpft. Der Eros ist eine Quelle, die nicht leicht versiegt. Nach einigen Gesprächen wurde deutlich, dass hinter dem Bild des pädagogischen Eros etwas ganz anderes stand. Die Frau war die jüngste von drei Töchtern. Sie stand ihr Leben lang unter dem Druck, sich vor dem Vater beweisen zu müssen. Die Schweizer Therapeutin Julia Oncken meint, die größte Verletzung der Tochter sei, vom Vater übersehen zu werden. Solche Verletzungsangst führt zu drei Rollenmustern: zur Gefalltochter, die dem Vater jeden Wunsch von den Lippen abliest; zur Leistungstochter, die sich durch ihre Leistung beweisen möchte, und zur Widerspruchstochter, die den Vater in hitzige Diskussionen verwickelt. Ziel dieser drei Verhaltensweisen ist es, endlich vom Vater gesehen zu werden. Doch die Frau, die alles tut, um vom Vater gesehen zu werden, wird in seiner Sehnsucht nie wirklich gestillt. Sie wird immer mehr geben, als ihrer Kraft entspricht. Und sie wird bald erschöpft sein.

Die Frau eines evangelischen Pfarrers erzählte mir, ihre jüngste Tochter sei eine solche Widerspruchstochter. Sie sei sogar aus der Kirche ausgetreten, um endlich von ihrem Vater gesehen zu werden. Doch selbst dieser Schritt hat den Vater nicht dazu bewegen können, sich wirklich um die Tochter zu kümmern und sich mit ihr auseinander zu setzen. Kein Wunder, dass die Tochter todunglücklich blieb. Was sie getan hatte, war ja nicht einer Gewissensentscheidung oder einem theologischen Konflikt entsprungen, sondern war motiviert von ihrer Sehnsucht, vom Vater endlich beachtet zu werden. So hat sie sich von ihrem eigenen Herzen entfernt. Alle Kraft, die in ihr steckte, hat sie in den Widerspruch verlegt. So blieb ihr keine Energie mehr, ihr Leben zu meistern.

Bei einem Kurs thematisierten wir das Motiv der eigenen Lebensspur. Einige Teilnehmerinnen berichteten, dass sie durchaus ihre innere Quelle entdeckt haben, aber auch, welche inneren Blockaden sie behindern. Manchmal fließt das Leben in ihnen. Eine Frau macht oft die Erfahrung, dass ihr die Arbeit von der Hand geht. Ihr fällt dann alles leicht. Doch dann taucht die innere Stimme des Vaters auf, die sagt: „Du musst dich auf ein Ding konzentrieren. Das Leben ist anstrengend. Nur wenn du dich anstrengst, ist es gut." Diese innere Stimme hindert sie daran, sich selber zu trauen. Sie kann sich dann nicht mehr darüber freuen, dass ihr alles leicht von der Hand geht. Sie setzt sich unter Druck und meint, sie müsse noch etwas Anstrengendes tun, um die innere Vaterstimme zu befriedigen. Das Strömen aus der inneren Quelle vermag sie nicht zu genießen. Genießen – so suggeriert ihr der innere Vater – darf man nur, wenn man sich angestrengt hat.

Eine andere Frau hatte schon im Studium gespürt, dass sie etwas zuwege bringt und dass Leistung sie auch beflügelt. Und auch in ihrem Beruf entdeckt sie ihre Kraft, die es ihr möglich macht, die Probleme, die sie als Rechtsanwältin zu bearbeiten hat, schnell und effektiv zu lösen. Doch dann spürt sie immer wieder eine Blockade in sich. Es ist die Stimme ihrer Großmutter, die ihr sagt: „Als Mädchen musst du brav sein. Erfolg musst du den Männern überlassen. Du musst vor allem das tun, was andere nicht wollen. Du musst den andern dienen." Diese innere Stimme der Großmutter blockiert ihre Kraft und hindert sie daran, ihrer inneren Quelle zu trauen. Obwohl diese Frau in sich viel Energie spürt, fühlt sie sich oft blockiert und behindert. Die Energie kann nicht fließen. Die innere Stimme der Großmutter hemmt den Fluss ihrer Kraft. Das führt zu einem inneren Stau, den sie nur mit viel Kraft aufhalten kann. Anstatt ihre Kraft zum Fließen zu bringen, muss sie sie dazu verwenden, die Energie zu stoppen. Dann fühlt sie sich erschöpft und lustlos. Ihre ganze Kraft verbraucht sie bei der Anstrengung, den Staudamm zu errichten.

Ein Mann erzählte, dass seine Mutter das Schöne nie genießen konnte. Wenn es schönes Wetter gab, meinte sie, es würde bald wieder schlechter. Wenn einem in der Familie etwas gelang, sagte sie, das hätte einen hohen Preis. Bald würden sie erfahren, womit sie das Glück bezahlen müssten. Diese pessimistische Sicht der Mutter hat natürlich auch ihren Sohn bei allem, was er tat, gebremst. Er konnte seine Erfolge nicht genießen. Voller Angst wartete auch er darauf, dass etwas schief laufen und irgendein Unglück passieren werde.

Solche Lebensmuster, die von den Eltern übernommen werden, prägen sich tief ein. Und auch wenn wir sie rational durchschauen und ganz bewusst ablehnen, wirken sie doch tief in uns weiter und schneiden unsere Seele von der lebendigen Quelle im eigenen Inneren ab.

Religiöse Überhöhung

Menschen neigen dazu, ihre Verhaltensweisen mit höherer Bedeutung auszustatten. Dass es zu ideologisch überhöhten Bemäntelungen letztlich ganz anders motivierter Haltungen kommt, finden wir nicht nur in der Politik. Nicht nur problematisch, sondern gefährlich wird es, wenn wir unsere trüben Quellen mit einem frommen Mantel umgeben und unsere kranken Lebensmuster religiös überhöhen. Denn dann meinen wir, wir würden aus einer spirituellen Quelle schöpfen. In Wirklichkeit ist es jedoch eine trübe Quelle, aus der kein Segen strömen kann. Manche Menschen tun sich etwa schwer, mit Konflikten umzugehen. Ich kenne das aus eigener Erfahrung. In unserer Familie war Harmonie ein wichtiges Gut. Doch das führte dazu, dass Konflikte eher unter den Teppich gekehrt wurden. So fiel es mir lange schwer, mit Konflikten angemessen umzugehen. Auch heute noch ist das noch nicht meine größte Stärke. Doch ich weiß, dass es für mich eine bleibende Aufgabe ist, Spannungen nicht auszuweichen, sondern sie, wo sie auftauchen, auch direkt anzusprechen und nach einer gemeinsamen Lösung zu suchen. Wenn ich einen Konflikt gelöst habe, dann fühle ich mich besser und neue Energie fließt in mir. Wenn ich ihn dagegen vor mir herschiebe, dann raubt er mir den inneren Schwung. Ich kenne viele, die sich schwer tun mit Konflikten. Dafür habe ich Verständnis. Doch wenn sie ihre Unfähigkeit, Konflikte anzugehen, mit ihrer christlichen Gesinnung rechtfertigen, dann reagiere ich allergisch. Denn ich spüre, dass sie ihre Schwäche religiös überhöhen und als spirituelle Stärke auszugeben suchen. Da hört man zum Beispiel den Satz: „Jesus fordert uns auf, wir sollten unser Kreuz tragen." Menschen, die den Konflikt also als das Kreuz ansehen, das ihnen Jesus aufbürdet, missbrauchen letztlich das Jesuswort aber dazu, den Konflikten auszuweichen. Sie reagieren passiv und fühlen sich bereitwillig als Opfer. Doch als Opfer werden sie auch zu Tätern, weil sie mit ihrer Weigerung, sich den Konflikten zu stellen, in ihrer Umgebung nur weitere Aggressivität erzeugen. Anstatt mit der Quelle ihrer Aggressionskraft in Berührung zu kommen, machen sie die andern aggressiv. Was noch dazu kommt: Sie verstehen Jesus falsch. Sie benutzen ihn, um ihr eigenes Verhalten zu rechtfertigen. Doch Jesus ist gekreuzigt worden, weil er sich den Konflikten gestellt und gegen die herrschende Meinung der Sadduzäer ein anderes Gottesbild verkündet hat. Er hat sich mit einer mächtigen religiösen Gruppe angelegt, als er die Händler aus dem Tempel vertrieb. Das Kreuz im Sinne Jesu zu tragen würde also gerade heißen, sich den Konflikten zu stellen. Wer sein Ausweichen als Kreuz interpretiert, der merkt gar nicht, wie er seine trübe Quelle religiös überhöht. Von ihm wird nicht nur kein Segen ausgehen, ein so missverstandenes „Kreuztragen" wird die Konflikte vielmehr nur noch anheizen.

Es gibt natürlich, wie schon gesagt, nicht nur die religiös eingefärbte Überhöhung eigener Verhaltensweisen. Man kann seine Konfliktunfähigkeit immer auch ideologisch verdecken. Verena Kast hat in ihrem Buch „Abschied von der Opferrolle" gezeigt, wie manche Menschen sich in der Opferrolle eingerichtet haben und damit selbst zu Tätern werden. Ihr Opfer wirkt auf andere Menschen aggressiv und macht sie oft genug zu Opfern. Pascal Bruckner hat diese Opfermentalität als typisches Kennzeichen unserer Gesellschaft beschrieben. Viele fühlen sich als Opfer. Die Unternehmer fühlen sich als Opfer der Politik, die Arbeitnehmer als Opfer der Arbeitgeber. Die Frauen fühlen sich als Opfer der Männer und umgekehrt die Männer als Opfer der Frauen. Wer in der Opferrolle bleibt, sieht die Schuld immer bei den andern. Er weigert sich, Verantwortung für sein Leben zu übernehmen. Er trägt nichts dazu bei, dass Probleme gelöst werden. Er bleibt in seiner Rolle als Ankläger und verweigert letztlich das Leben.

Eine Frau hatte sich völlig für Hilfsbedürftige aufgeopfert. Nun war sie erschöpft. Sie wollte in Exerzitien wieder Kraft tanken. Anfangs war es sehr schwierig, an sie heran zu kommen. Denn jede Infragestellung, ob sie ihre Grenzen genügend beachtet habe oder warum sie sich so grenzenlos aufopfere, beantwortete sie immer mit einem salbungsvollen Hinweis auf den Willen Jesu: „Jesus will ja, dass ich ganz für die anderen da bin." Natürlich will Jesus, dass wir nicht narzisstisch nur um uns selbst kreisen, sondern dass wir uns auf andere einlassen und ihnen helfen. Aber Jesus will sicher nicht, dass wir selbst dabei zugrunde gehen. Er hat seine Jünger auch eingeladen, mit ihm in die Einsamkeit zu gehen, um Ruhe zu finden. Wenn wir seinen Willen erfüllen, dann tut es auch uns gut und dann macht uns unser Einsatz für andere selber lebendig. Wir kommen dann zwar durchaus auch an

40

unsere Grenzen und erfahren Müdigkeit. Doch ständige Erschöpfung weist darauf hin, dass unter der frommen Begründung ein anderes Lebensmuster steckt. Die Frau konnte erst nach einigen Gesprächen zugeben, dass sie als Kind immer das Gefühl hatte, es gäbe für sie keinen Platz auf dieser Welt. Sie hat keinen Platz in der Familie für sich gefunden. So wollte sie sich ihren Platz erkaufen, indem sie sich für andere verausgabte. Kein Wunder, dass das nicht „funktionieren" konnte.

Immer wenn wir erschöpft sind, sollten wir daher fragen, ob ein krankes Lebensmuster hinter unserem Tun steckt. Es kann sehr wehtun, wenn ich entdecken muss, dass es nicht meine hohen Ideale sind, die mich erschöpfen, sondern die Idealisierung meiner kranken Lebensmuster, die mir die innere Quelle verstellen. Es ist natürlich leichter, meine Erschöpfung religiös oder ideologisch zu überhöhen und sie damit vor mir und anderen aufzuwerten, als sich den wahren Motiven und Bedürfnissen zu stellen, die dahinter stehen. Selbsterkenntnis ist immer schmerzlich, aber sie befreit auch. Und sie lädt mich dazu ein, hinter allen Idealisierungen meine wahren Bedürfnisse zu entdecken und durch sie hindurch zur Quelle vorzustoßen, die unerschöpflich ist.

Ein anderer Grund für die Erschöpfung kann auch sein, dass wir zuviel Energie brauchen, um unliebsame Seiten in uns zu verdrängen. C. G. Jung spricht von Schattenseiten. Wer viele Aspekte seines Menschseins in den Schatten verbannt, dem fehlen sie bei seiner Lebensbewältigung. Er kann seinen Lebensmotor nur zum Teil benutzen. Ein großer Teil ist durch die Verdrängung blockiert. In Gesprächen begegne ich vielen Menschen, die erschöpft sind, weil sie Angst haben, die ei-

41

gene Wirklichkeit anzuschauen. Die Schattenseiten in uns sind wichtige Energieträger. Und sie sind ein fruchtbares Erdreich, auf dem die Pflanze unseres Lebens gedeihen kann. Wer die Schattenseiten abschneidet, trennt sich von einer wichtigen Kraftquelle.

In einem Gespräch über das Thema „Erschöpftsein und Überforderung der Priester" meinte einer der für die Seelsorger einer Diözese verantwortlichen Personalreferenten einmal, sein Bischof habe bei seiner Priesterweihe gesagt: „Der Priester soll sich für die Menschen einstampfen lassen wie Sauerkraut." Diese „Sauerkraut-Theologie" steckt in manchen Priesterköpfen drin und prägt ihr Verhalten – bis zur Erschöpfung. Wer meint, er dürfe nur für andere da sein und müsse die eigenen Bedürfnisse völlig ignorieren, ja sogar einstampfen, der schöpft aus einer trüben Quelle. Sie scheint zwar fromm, entspringt aber nicht dem Geist Jesu, sondern dem Ungeist einer unmenschlichen und letztlich aggressiven Theologie. Denn das Einstampfen der eigenen Bedürfnisse ist Ausdruck einer starken Aggression, die gegen einen selbst gerichtet ist. Doch von solcher Selbstaggression geht kein Segen aus, sondern Härte und Verhärtung.

Oft wird durch religiöse Vorstellungen die Quelle der Aggression zugeschüttet. Aggression gehört neben der Sexualität zu den wichtigsten Lebensenergien. Doch manche falsch verstandene christliche Askese hat diese Quelle vernachlässigt. Aggression ist die Kraft, etwas anzupacken, etwas in Bewegung zu bringen. Aggression kommt von „aggredi = auf etwas zugehen, etwas in Angriff nehmen". Sie ist eine wichtige Kraftquelle für jeden von uns. Ohne sie werden wir entweder depressiv oder unser Leben verliert an Biss. Angst vor der Aggression steckt in vielen Menschen. Denn Aggression hat etwas mit Kampf zu tun. Und wir möchten das Ziel unseres Lebens lieber kampflos erreichen. Die Angst vor der Aggression ist oft Angst vor dem Leben mit seinen Auseinandersetzungen. Man weicht dem Lebenskampf aus und verharrt lieber in der Zuschauerrolle.

Ein Mann, dem als Junge der Jähzorn ausgetrieben wurde, hat im Verlauf seines Lebens gelernt, seine Aggression völlig zu unterdrücken. Als Kind spürte er, dass er gegen den Vater mit seinem Jähzorn keine Chance hatte. Also passte er sich an. Und damit er sich nicht als Verlierer fühlen musste, interpretierte er seine Aggressionslosigkeit dann religiös als Gewaltlosigkeit im Sinne der Bergpredigt. Doch mit 40 Jahren wurde er depressiv. Die Quelle der Aggression fehlte ihm. Er musste erst wieder mit seiner Aggressionskraft in Berührung kommen, damit er neue Lust an seiner Arbeit bekam. Die Erfahrung zeigt immer wieder: Wer nicht aus der gesunden Quelle der Aggression schöpft, der richtet die Aggression, die in ihm wurzelt, schließlich gegen sich selbst.

Andere interpretieren ihre Unfähigkeit, sich durchzusetzen, mit dem Sprichwort: „Der Klügere gibt nach." Darin steckt sicher etwas Wahres. Doch wenn ich damit meine Unfähigkeit, die eigenen Bedürfnisse zu artikulieren, verdecke, werde ich mit meinem ständigen Nachgeben nicht zur Klarheit beitragen. Und Unklarheit wird Aggressionen auslösen. Ähnlich ist es bei der Harmonisierungssucht. Ein Mensch, der auf Harmonie aus ist, hat eine durchaus positiv zu bewertende Fähigkeit. Ihm liegt daran, dass die Menschen gut miteinander auskommen. Aber wenn das Streben nach ständiger Harmonie dazu führt, dass ich jeden Konflikt übersehe oder ver-

43

dränge, dann wird diese Haltung keinen Segen bringen. Manche verbinden ihr Harmoniebedürfnis mit dem Vorwurf an andere, die nicht der gleichen Meinung sind. Sie bewirken in ihnen Schuldgefühle – und merken gar nicht, wie sie damit Macht ausüben und ihre Meinung absolut setzen.

Es ist nicht immer leicht, zu entscheiden, ob eine religiöse Vorstellung „stimmt" oder ob sie nur eine Ideologie ist, um unsere trüben Quellen zu kaschieren. Für mich ist zum Beispiel die Ehelosigkeit ein wichtiger Wert. Aber ich kenne auch Ordensleute, die ihre Unfähigkeit zu wirklichen Beziehungen mit der Idee des Zölibats überhöhen. Ein wichtiges Kriterium, um zu unterscheiden, ob Ehelosigkeit religiöse Überhöhung oder ein authentischer spiritueller Weg ist, wird immer die Auswirkung auf die Psyche des Menschen und auf seine Umgebung sein. Wer die Ehelosigkeit stimmig lebt, für den wird sie fruchtbar: Er fühlt sich lebendig, und sein Leben wird auch für andere zum Segen. Wenn ich jedoch meine Unfähigkeit zu menschlicher Beziehung und Freundschaft als Charisma der Ehelosigkeit ausgebe, dann wird mein Leben zum Krampf – und es wird auch andern nicht gut tun. Meine Verkündigung der frohen Botschaft Jesu wird vielmehr immer wieder durch meine unterdrückten Bedürfnisse verfälscht. Ich werde entweder meine Geltungssucht in der Verkündigung ausleben oder aber mein Machtbedürfnis, indem ich anderen ein schlechtes Gewissen vermittle.

Meditation ist für mich ein wichtiger Weg, um mit meiner inneren Quelle in Berührung zu kommen. Aber ich kenne Menschen, die meditieren, um dem Leben auszuweichen. Sie flüchten sich in die Meditation, weil sie unfähig sind, sich auf Menschen einzulassen. Ihre Beziehungsstörung überhöhen sie spirituell. Sie fühlen sich als etwas Besonderes und merken gar nicht, dass ihre Meditation sie nicht zum Leben führt, sondern in die Isolierung. Doch diese Isolierung verstehen sie als Ort, an dem sie ihre Spiritualität leben können. Doch von solchen Menschen geht keine Kraft aus. Sie kreisen letztlich in der Meditation nur um sich, anstatt aus der inneren Quelle heraus für die Menschen dazu sein und sich an die Arbeit hinzugeben.

Man kann alle spirituellen Wege auch missbrauchen. In der christlichen Tradition spielte der Begriff des Opfers eine große Rolle. Für meine alt gewordene Mutter war es zum Beispiel ein guter Weg, ihre Krankheit für ihre Kinder und Enkelkinder aufzuopfern. Das half ihr, ihre Krankheit mit innerer Fröhlichkeit zu tragen, anstatt darüber ständig zu jammern. Aber wenn die Opfermentalität übertrieben wird, kann sie auch zum Vorwurf an andere werden: „Ich opfere mich für dich auf, weil du so egoistisch bist, weil du deine eigenen Interessen im Sinn hast. Ich opfere mich für dich, aber du bist so undankbar." Dann wird das Opfer im andern Schuldgefühle hervorrufen und letztlich Macht ausüben. Opfer meint eigentlich Hingabe. Aber ein Opfer, mit dem ich andere unter Druck setze, ist keine Hingabe, sondern ein Mittel, andere an mich zu binden und sie zu verpflichten. Dann aber strömt es aus einer trüben Quelle und bewirkt in der Umgebung Unklarheit und Verwirrung.

2. Klare Quellen

Wir sehnen uns in unserem Leben nach etwas, was uns neue Kraft, Frische und Klarheit gibt. Die Sehnsucht nach der klaren Quelle ist die Sehnsucht, dass unser Leben strömt. Strömen ist immer ein Zeichen von Lebendigkeit. Die Psychologie spricht heute vom „Flow-Gefühl". Das Flow-Gefühl ist in uns wirksam, wenn wir uns an die Arbeit und an Menschen hingeben, uns bei der Arbeit selbst vergessen. Es ist nicht wichtig, was andere von uns denken oder wie sie unsere Arbeit beurteilen. Wir gehen ganz in dem auf, was wir tun. Unsere Energie fließt in die Arbeit hinein. Wer mit einem solchen „Flow-Gefühl" arbeitet, der arbeitet effizienter als jemand, der sich die Leistung abringen muss. Schon der hl. Benedikt hatte diese Erfahrung im Sinn, wenn er in seiner Regel von den Handwerkern im Kloster verlangt, dass sie in aller Demut ihren Beruf ausüben sollen. (RB 57,1) Das ist eine uns Heutigen fremde Sprache. Aber Benedikt meint damit, dass die Handwerker mit ihrer Arbeit nicht irgendwelche Nebenabsichten verbinden. Sie sollen sich nicht über andere stellen wollen, oder ihre Arbeit mit dem Schielen nach Erfolg oder Verdienst verbinden. Demut meint: Hingabe an die Arbeit, ganz bei der Arbeit sein, in Berührung mit den Dingen sein, die ich gerade tue, und mich selbst und meine Nebenabsichten dabei vergessen.

Jeder hat mit seiner Geburt schon Quellen mitbekommen, aus denen er schöpfen kann. Und ihm wurden in seiner Lebensgeschichte von den Eltern und Erziehern, von Freunden und Verwandten und von eigenen Erlebnissen her Ressourcen geschenkt, die in seinem Leib und in seiner Seele bereit liegen, angezapft zu werden. Er hat sie nicht nur von seinen Eltern mitbekommen. Sie sind auch ein Geschenk Gottes. Sie liegen in seinem Charakter, in seinem Wesen begründet.

Die heutige Psychologie begnügt sich nicht damit, die Wunden der Kindheit zu heilen. Sie versucht vielmehr, die Menschen mit ihren eigenen Ressourcen in Berührung zu bringen. Jeder Mensch hat in sich Quellen, aus denen er schöpfen kann und es gibt verschiedene Wege, zu ihnen vorzudringen. Auch hier gilt das Bild: Wer nur an der Oberfläche bohrt, wird nur zum Oberflächenwasser vorstoßen, aber nicht zur inneren Quelle. Wir müssen tief genug bohren, um in uns eine Quelle zu entdecken, die nicht so leicht vertrocknet, weil sie in unserem Wesen, in unserem tiefsten Grund, eingegraben ist. Die Zugänge sind gar nicht so schwierig.

Anknüpfen an die Kindheit

Ich entdecke meine persönliche Quelle, wenn ich mich frage: Woraus habe ich als Kind meine Kraft geschöpft? Wo ist meine Energie am meisten geströmt? Was konnte ich stundenlang spielen, ohne zu ermüden? Wenn ich mich an solche Situationen erinnere, dann komme ich mit meiner eigenen Kraft in Berührung. Manche meinen, das Kind kopiere nur, was die Eltern ihm vormachen. Doch jede Mutter und jeder Vater weiß, dass jedes Kind einzigartig ist. Jedes Kind hat schon mit seiner Geburt etwas Einmaliges. Es hat seine Weise zu lächeln, sich zu bewegen, auf Zuwendung zu reagieren. Und sobald es etwas größer ist, entwickelt es seine eigenen Strategien, sich zurückzuziehen und für sich zu sorgen. Jedes Kind spielt auf seine Weise. Das eine kann sich vergessen, indem es den Käfern auf der Wiese zusieht. Das andere spielt mit den Kieselsteinen auf dem Weg und kann dabei seine Phantasie entfalten. Wenn wir auf die Verhaltensweisen stoßen, die für uns selber typisch waren, dann kommen wir mit unserem eigenen Herzen in Berührung. Dann entdecken wir unser ursprüngliches Wesen, und wir finden in uns die Quelle, aus der wir auch heute schöpfen könnten. Wenn wir diese unsere urpersönliche Quelle erkannt haben und aus ihr schöpfen, dann spüren wir, wie es uns leicht von der Hand geht, wie es einfach in uns strömt. Immer wenn wir uns von außen etwas überstülpen, kostet es uns Kraft. Die eigene Quelle dagegen schenkt uns Kraft.

Bei einem Kurs für Schulleiter habe ich die Teilnehmer eingeladen, nach ihren inneren Quellen zu suchen, sich zu fragen, was sie als Kind am liebsten gespielt haben. Ein Mann erzählte, er habe sich stundenlang auf den Dachboden zurückgezogen und sich im Spielen eine eigene Welt aufgebaut. Er gab ihr eigene Gesetze und erfand seine eigenen Spielregeln. Als er das mit seiner Tätigkeit als Schulleiter verglich, kam ihm: Ja, es macht mir Spaß, als Direktor eine eigene Welt aufzubauen, eine menschliche Welt, in der die Schüler gerne leben. Ich baue mit meinen Kollegen und Kolleginnen eine eigene Kultur des Miteinanders auf. Ich schaffe ein Klima, das den Menschen gut tut. Anstatt über die immer neuen Vorschriften zu jammern, die aus dem Kultusministerium in die Schule flattern, baue ich an meiner eigenen Schulwelt. Ich lasse mich von den Bürokraten im Ministerium nicht lähmen, sondern arbeite aus meiner inneren Quelle. Er spürte plötzlich: Dieses Bild schenkte ihm Kraft. Er bekam plötzlich wieder neue Lust, an seine Arbeit zu gehen.

Eine Schulleiterin erzählte, sie habe am liebsten Völkerball gespielt. Beim Miteinanderspielen vergaß sie die Zeit. Als wir gemeinsam überlegten, was das für ein Bild für ihr jetziges Leben sei, kam ihr: Mein Stil, die Schule zu leiten, heißt: einander den Ball zuzuwerfen. Es war ihr auch nie darum gegangen, mit ihrem Führungsstil männliche Kollegen zu kopieren und in einem direktiven oder autoritären Verfahren alles von oben her effektiv zu regeln. Vielmehr fand sie ihre Stärke darin, den „Ball" zwischen sich und den Kollegen hin und her springen zu lassen. Sie konnte delegieren, musste nicht alles selber machen, sondern konnte auf ihre Weise das Spiel am Laufen halten. Ihre Art zu führen, lag darin, die Kollegen und Kolleginnen, aber auch die Schüler und Schülerinnen immer wieder ins Spiel zu bringen, damit alle mitspielen, damit alle Spaß am gemeinsamen Spiel haben. Dieses Bild – und die Erinnerung an ihre Kinderzeit – deckte ihr die eigenen Fähigkeiten auf. So erkannte sie ihre ganz eigene Art und Weise, wie sie ihr Amt ausfüllen konnte. Die vielen Führungskonzepte, die sie bei Fortbildungen gelernt hatte, waren zwar interessant. Aber sie hatte das Gefühl, es sei anstrengend, sie alle zu berücksichtigen. In der bewussten Wahrnehmung ihres Führungsstils kam sie in Berührung mit der eigenen Quelle. Und ihr wurde klar: Daraus würde sie schöpfen können, ohne immer wieder erschöpft zu sein, ohne das Gefühl zu bekommen, ihre Aufgabe sei anstrengend.

Ein anderer Schulleiter, der auf einem Bauernhof aufgewachsen war, konnte davon berichten, dass er schon als Kind am liebsten in der Natur gearbeitet habe. Als Bild für seine heu-

49

tige Aufgabe als Pädagoge wurde ihm das Hegen und Pflegen deutlich. Als Lehrer versteht er seine wichtigste Aufgabe nämlich nicht darin, den Schülern etwas beizubringen und ihr Wissen zu mehren, sondern ihr Wachsen zu fördern. Genauso behutsam wie man mit Pflanzen und Tieren umgeht, so geht es ihm auch in der Pädagogik darum, das, was in den Kindern steckt, herauszulocken. Das Bild des Begießens, Lockern und Düngen des Erdreichs, die Notwendigkeit, Pflanzen zu beschneiden, damit sie einen neuen Wachstumsschub bekommen – das alles übertrug sich für ihn plötzlich ganz evident auf seine derzeitige Tätigkeit. Früher hatte er oft gejammert, dass man als Schulleiter immer mehr zum Verwalter und Bürokraten verkomme. Jetzt kam er wieder mit seiner eigenen Quelle in Berührung. Natürlich kann auch er die äußere Realität der heutigen Schullandschaft nicht einfach überspringen. Aber anstatt sich von den äußeren Vorgaben lähmen zu lassen, schöpfte er nun neu aus seiner persönlichen Quelle. Und es machte ihm wieder neuen Spaß, in seine Schule zurückzukehren.

Eine Frau erinnerte sich, dass sie als Kind mit großer Fürsorge und Geduld verletzte Tiere pflegte. Sie spürte, dass es ihre Stärke ist, kranken Menschen zu helfen. Sie war von ihrem innersten Antrieb her Therapeutin. Aber jetzt befreite sie sich von dem Druck, bei jedem Menschen die richtige therapeutische Maßnahme zu finden. Sie spürte in der Erinnerung wieder die Geduld und Liebe, mit der sie sich den verletzten Tieren zugewandt hatte. Und sie konnte ihre Klienten auf einmal mit neuen Augen anschauen und sich ihnen voller Zuversicht und mit einem langen Atem zuwenden.

Ein Mann hatte als Kind sehr gerne gelesen. Er meinte, er würde heute genauso gerne lesen. Diese Quelle habe er von seiner Kindheit übernommen. Aber im Gespräch wurde deutlich, was das Lesen eigentlich für ihn bedeutete. Ihm war wichtig, mit anderen zu fühlen, sich in andere hinein zu versetzen. Als er das erzählte, erkannte er, dass das ja auch heute seine eigentliche Aufgabe sei. In seiner Leitungsaufgabe bei einer Bank wurde das für ihn ein gutes Bild: Ich spüre mich in die Menschen ein. Anstatt mich zu ärgern, dass ich bei Besprechungen nicht immer mit meiner eigenen Lösung durchkomme, lehne ich mich zurück und versuche die Menschen zu verstehen, die so anders sind. Es ist wie beim Lesen: Ich lese in der konkreten Biographie von Menschen, die mir anvertraut sind. Ich versuche, mich in sie hinein zu versetzen und sie zu verstehen. Das ist immer spannend. Dass er das so sehen konnte, entlastete ihn von dem Druck, seine Meinung durchzusetzen. Und es machte ihn kreativer für wirkliche Lösungen.

Eine andere Frau erzählte, dass sie als Kind gerne mit Puppen gespielt habe. Ihr war es immer ein Anliegen, dass die Puppen genügend zu essen hatte. Sie ist nicht Gastwirtin geworden, sondern Lehrerin. Aber dieses Bild zeigte viel über ihre innere Motivation: Sie wollte Lehrerin in der Weise sein, dass sie die Kinder beim Unterrichten nährt. Die Kinder sollten etwas mit nach Hause nehmen, wovon sie leben konnten.

Einer Frau, die in ihrer Kindheit ebenfalls gerne mit Puppen gespielt hatte, lag vor allem daran, dass diese Puppen es schön hatten. Sie ist Erzieherin geworden. Und das Bild, das ihr zu einer fruchtbaren Quelle wurde, war: den Kinder zu vermitteln, dass das Leben schön ist, dass es soviel Schönes in dieser Welt zu bestaunen gibt. Es machte ihr Freude, in den Kindern den Sinn gerade für diese Dimension der Wirklichkeit zu wecken. Daheim hatte sie Freude daran, ihre Wohnung schön zu gestalten. Schönheit ist in der Philosophie Platons ein Ausdruck des Seins. Alles Sein ist wahr, gut und schön. In der Schönheit habe ich also teil am Sein. Da spüre ich mich selbst. Da erfahre ich Lebendigkeit und Kraft. Und letztlich habe ich in der Schönheit teil am Sein Gottes. Die Erfahrung des Schönen wird selbst zu einer Quelle von Lebendigkeit und Freude.

Was alle diese Geschichten verdeutlichen: Die eigenen Quellen schützen uns davor, uns in ein Korsett zu zwängen und uns eine Art des Arbeitens aufzuzwingen, die uns aussaugt. Wenn wir aus unserer inneren klaren Quelle schöpfen, können wir viel und gut arbeiten. Und wir werden es mit neuer Freude und Energie tun. Die eigene Quelle bringt etwas Erfrischendes in unseren Leib und unsere Seele. Und sie lässt das, was wir tun, auch gelingen. Wenn wir mit dieser inneren Einstellung an unsere Arbeit herangehen, wird sie effizienter, als wenn wir uns allzu sehr anstrengen. Wenn wir in der Kindheit nach Situationen suchen, in denen wir uns vergessen konnten, in denen wir so ein „Flow-Gefühl" hatten, geht es also in erster Linie darum, zu entdecken: Was ist mir wichtig? Wo fließt in mir die Energie?

Ich kann in der Gegenwart wahrnehmen, wo ich in Berührung mit meiner persönlichen Quelle bin, wo es einfach von selbst in mir und durch mich hindurch fließt. Entscheidend ist immer, dass es in mir strömt. Wenn das der Fall ist, bin ich in Berührung mit der Quelle, die Gott in mich und mein Wesen hingelegt hat.

Gefährdungen in unserem Innern

Wir haben immer wieder gesehen: Jeder von uns hat eine solche klare Quelle in sich, aus der er schöpfen kann. Aber oft wird uns der Zugang zu ihr verstellt. Oder wir spüren die Quelle. Aber sobald wir daraus trinken, melden sich unsere Lebensmuster, die uns davon abhalten möchten, daraus zu schöpfen. Bei einem Kurs zum Thema „Finde deine Lebensspur" kam ich mit vielen Teilnehmern und Teilnehmerinnen ins Gespräch. Bei der Übung, in der es darum ging, sich in der eigenen Kindheit die Situationen vorzustellen, in denen sie sich vergessen konnten und in denen ihre Energie floss, entdeckten sie durchaus Quellen innerer Lebendigkeit. Aber es zeigte sich auch: Diese Quellen wurden oft überdeckt durch andere Botschaften. Die Kinder sollten die Vorstellungen der Eltern erfüllen. Manchen Eltern machte die Eigenart ihrer Kinder Angst. Wenn sie stundenlang spielen konnten, sollten sie etwas Sinnvolleres tun. Wenn sie in ihrer Kreativität etwas geschaffen hatten, wurde es lächerlich gemacht. Das hat bei vielen dazu geführt, dass sie ihrer eigenen Quelle nicht mehr trauten und sich immer mehr den Vorstellungen der Erwachsenen anpassten und ihre eigene Lebensenergie blockierten. Sie haben überlebt. Aber es strömte nichts mehr in ihnen. Immer wenn die ursprüngliche Quelle wieder einmal zum Vorschein kam und sie mit Lust etwas taten, kam sofort die Stimme des Über-Ichs, die ihnen verbot, einfach nur dem eigenen Gefühl zu trauen. Sie sollten ihren Kopf anstrengen. Sie sollten überlegen, was sinnvoll ist und womit sie Geld verdienen könnten. Und diese Botschaften haben viele Impulse in ihnen im Verlauf der Zeit erstickt. Ein solches von anderen übergestülptes Verhaltenskorsett ist eine Gefährdung der klaren Quelle in uns.

Eine andere Gefährdung ist, dass wir anderen zuviel Macht geben. Wir sind dann nicht mit uns selbst in Berührung, sondern lassen uns fremd bestimmen. Ein typisches Beispiel: Eine Frau erzählte mir, dass sie in der Nähe einer Kollegin einfach nicht sie selbst sein kann. Sie ist bei ihrer Arbeit geradezu fixiert auf diese andere Frau und will ihr alles recht machen. Dabei vergisst sie ihre eigene Kraft. Das Leben ist dann ermüdend und anstrengend. Sie lässt sich blockieren und ist so wenig bei sich, dass die bloße Nähe dieser anderen Frau sie sofort aus ihrer Mitte herausreißt. Und dann spürt sie sich selber nicht mehr, ihre eigene Lebendigkeit ist wie verschüttet.

In einem Gespräch mit Kursteilnehmern fragten wir, was uns von der inneren Quelle abschneiden könne. Einer meinte, Beziehungsarbeit sei immer anstrengend. Äußere Arbeit könne er gut aus der inneren Quelle erledigen, ohne erschöpft zu sein. Aber wenn er sich für andere verantwortlich fühle, dann fühle er sich nach einem Tag voller Besprechungen völlig ausgelaugt. Wenn ich verantwortlich bin, kann ich mich in der Tat nicht so leicht von den Problemen der andern distanzieren, vor allem dann, wenn die Gespräche miteinander keine Lösung gebracht, sondern das Problem nur noch verschärft haben. Aber wenn ich diese Erfahrung immer wieder mache, sollte ich mich fragen: Warum raubt mir das Gespräch mit diesem oder jenem Menschen die Energie? Was sind meine Erwartungen an das Gespräch? Welche Energie geht vom andern aus? Kann ich meine Grenzen nicht akzeptieren? Und es wäre zu überlegen, ob ich nicht die Einstellung zu meiner Verantwortlichkeit ändern sollte. Die richtige Einstellung wäre dann: Ich konnte zwar die Probleme nicht lösen. Ich kann auch nicht einfach sagen, das ist das Problem der anderen. Denn am nächsten Tag bin ich ja wieder mit diesen Menschen und ihren ungelösten Problemen zusammen. Vielmehr ist es meine Aufgabe, mich von meinen zu hohen Idealvorstellungen zu verabschieden. Ich muss ja gar nicht alle Probleme lösen. Ich darf auch mit ungelösten Problemen leben. Vielleicht ist mein Harmoniebedürfnis zu groß. Ich muss mir also innerlich erlauben, dass ich am nächsten Tag in eine Situation hineingehen werde, die noch voll von Spannungen ist. Wenn ich mir das zugestehe, wird mir die angespannte Situation auch nicht die Kraft rauben. Vielleicht werde ich über Nacht die Dinge anders sehen. Und mir wird irgendwann ein Lösungsweg einfallen. Eine gesunde Distanz zu seiner eigenen Verantwortlichkeit zu schaffen, ohne die Verantwortung zu verleugnen, ist immer eine Gratwanderung. Aber nur wenn ich mich auch von meiner Verantwortung zu distanzieren vermag, wird mir die Beziehungsarbeit nicht meine Energie zunichte machen, sondern ich werde inmitten der ungelösten Probleme mit meiner inneren Quelle in Berührung sein.

Wenn ich einen Vortrag über die inneren Quellen halte, kommen in der Regel viele Fragen, etwa von der Art: „Wie komme ich in Berührung mit meiner Quelle, wenn ich von den Sorgen um meine Kinder gequält werde, die so andere Wege gehen?" Oder: „Wie kann ich aus der inneren Quelle leben, wenn ich von Angst heimgesucht bin oder von Depressionen niedergedrückt werde?" Viele sind so von äußeren Problemen bedrängt, dass sie sich davon aus ihrer Mitte drängen lassen. Sie haben den Eindruck, mit aller Kraft gegen die bedrängenden Situationen angehen zu müssen. Sie brauchen dabei sehr viel Energie – wie ein Kaninchen, das auf die Schlange starrt. Aus sich könnte das Kaninchen der

Schlange leicht entkommen. Es ist ja viel schneller als sie. Aber die Fixierung nimmt ihm alle eigene Kraft und lähmt jede Kreativität. So ist es mit vielen Menschen, die so sehr und so ausschließlich auf das Äußere starren, dass sie ihre innere Quelle darüber vergessen. Es ist daher ganz wichtig, bei sich zu sein. Und gerade bei äußeren Schwierigkeiten kommt es darauf an, sich selbst und die eigene Mitte zu spüren. Es gibt ganz einfache Hilfen dazu. Eine Hilfe kann schon sein, die Hand auf den Bauch zu legen und sich vorzustellen: Da in mir ist eine Quelle, da spüre ich Kraft, Kreativität, Phantasie. Ich darf mir selbst trauen. In mir ist die Lösung. Und ich kann weiter fragen: Was kommt in mir hoch, wenn ich mit mir in Berührung bin? Welche Idee steigt in mir auf?

Natürlich kann ich die Sorge um die eigenen Kinder nicht einfach beiseite schieben. Sie wird mich begleiten. Aber es ist meine Entscheidung, wie viel Macht ich den Sorgen gebe. Ich habe die Wahl: Ich kann mich mit den Sorgen quälen. Oder ich kann sie Gott übergeben. Dann wird der Blick auf Gott mich wieder mit meiner Quelle verbinden. In dem berühmten Lied von Georg Neumark „Wer nur den lieben Gott lässt walten" heißt es: „Was helfen uns die schweren Sorgen, was hilft uns unser Weh und Ach? Was hilft es, dass wir alle Morgen beseufzen unser Ungemach?" Und als Antwort gibt der Dichter den Rat: „Sing, bet und geh auf Gottes Wegen, verricht das Deine nur getreu und trau des Himmels reichen Segen, so wird er bei dir werden neu. Denn welcher seine Zuversicht auf Gott setzt, den verlässt er nicht." Auch ein solches Lied kann uns helfen, Abstand zu gewinnen zu den Sorgen und wieder mit der inneren Quelle in Berührung zu kommen.

Jesus hat uns in seinem Verhalten gezeigt, wie auf äußere bedrängende Situationen zu reagieren wäre. Als die Pharisäer ihm eine Frau brachten, die beim Ehebruch ertappt worden war, fühlte er sich in die Enge gedrängt. Er wusste, dass alles, was er sagte, gegen ihn verwendet werden konnte. Wenn er sich auf die Spielregeln der Pharisäer eingelassen hätte, hätte er verloren. Doch er tauchte ab. Er beugte sich bis auf den Boden und schrieb mit seinen Fingern in den Sand. Das war in dieser angespannten Situation für ihn der Weg, mit seiner inneren Quelle in Berührung zu kommen. Und auf einmal stand er auf und sagte den Umstehenden: „Wer von euch ohne Sünde ist, werfe als erster einen Stein auf sie." (Joh 8,7) Gegen diesen Satz waren die Pharisäer machtlos. Einer nach dem andern ging weg. Jesus hat sich also den Spielregeln der andern entzogen. Er hat inne gehalten und im Innehalten seine eigene Mitte entdeckt. In seiner Mitte spürte er eine kreative Lösung in sich aufsteigen. In dieser Reaktion Jesu steckt für mich ein wichtiges Vorbild: Statt auf die anderen zu starren und mir den Kopf zu zerbrechen, wie ich ihre Erwartungen erfüllen oder auf ihre feindlichen Attacken sinnvoll reagieren könne, muss ich zuerst einmal innehalten und mich selbst spüren. Wenn ich in meine Mitte komme, werde ich auch Lösungen entdecken, die aus der inneren Quelle entspringen und nicht aus der Reaktion auf die andern.

Wege zu eigenen Ressourcen

Die klassische Psychotherapie war problemanalytisch. Wenn heute immer mehr Therapeuten, statt sich nur auf die Probleme zu konzentrieren und sie aufzuarbeiten, den Klienten bewusst daran erinnern, wann er „gut drauf ist", in welchen Situationen er Probleme leichter lösen kann, wann er sich gut fühlt und Bäume auszureißen vermag, dann ist das eine wichtige Wende. Der Klient soll aus seinen inneren Quellen schöpfen, um jetzt das Leben zu meistern. Natürlich werden die Verletzungen der Vergangenheit immer wieder auftauchen. Man soll sie nicht verdrängen. Aber der Therapeut muss sich auch von dem Druck befreien, alle Verletzungen des Klienten aufzuarbeiten. Oft ist es nicht nur einfacher, sondern auch effizienter, ihm zu helfen, Zugang zu seinen Ressourcen zu finden und daraus Wege selber zu entdecken, um heute sein Leben zu bewältigen. Die Zugänge dazu sind vielfältig.

Vorstellungskraft

Ein wichtiger Weg, an die eigenen Ressourcen zu kommen, ist die Vorstellungskraft. Jeder hat in sich die Möglichkeit, sich bestimmte Situationen oder innere Haltungen vorzustellen. Die Gabe der Imagination entzieht uns der Herrschaft der äußeren Welt, in die wir hinein gestellt sind. Wir können in unserer Vorstellung eine eigene Welt entwerfen. Ich habe immer wieder Menschen getroffen, die gerade in einer schwierigen Kindheit ihre Phantasie benutzt haben, um sich eine eigene Welt aufzubauen. Natürlich kann eine solche Gegenwirklichkeit auch zur Flucht vor der Realität werden. Aber manchmal ist die aktuelle Realität für ein Kind so bedrängend, dass es nur diesen Weg gibt. Ein Mann erzählte mir, er habe als Kind mit sieben Jahren oft die Bettdecke über sich gezogen und mit einer Taschenlampe diese innere Welt erleuchtet. Und dann überließ er sich der eigenen Phantasie. Er dachte sich immer einen Freund aus, der mit ihm geht und mit dem er etwas Neues aufbaut. Das war für ihn damals ein wichtiger Weg, in seiner äußeren Situation nicht zu verzweifeln. Seine Phantasie hat ihn später dazu gebracht, dass er wirklich mit andern ein Geschäft aufgemacht und sich so – in einem ganz handfesten Verständnis – seine eigene Welt aufgebaut hat.

Die Ärztin und Therapeutin Luise Reddemann arbeitet in ihrer Traumatherapie sehr gerne mit der Gabe der Vorstellungskraft. In einem Vortrag über Ressourcenorientierung in der Traumatherapie zitiert sie das Gedicht von J. R. Jimenez, in dem der Dichter seine Fähigkeit, sich etwas auszudenken und zu schaffen, gegen die negative Welterfahrung setzt und damit die bedrohliche Außenwelt überwindet:

> „Was kümmert mich die dürre Sonne?
> Ich schaffe die blaue Quelle in meinem Innern.
>
> Schnee oder Licht – was tut's?
> Ich schaffe in meinem Herzen die rotglühende Schmiede.
>
> Was kümmert mich menschliche Liebe?
> Ich schaffe der Liebe Ewigkeit in meiner Seele."

In diesem Gedicht wird deutlich, was es heißt: mit den eigenen inneren Quellen in Berührung zu kommen. Mit meiner Vorstellungskraft kann ich in mir eine eigene Welt schaffen. Und die kann genauso wirklich und wirksam sein wie die äußere Welt, die mich überfordert oder traurig stimmt. Es gibt Menschen, die ständig über ihre Einsamkeit klagen und die das Gelingen ihres Lebens von der Zuwendung anderer abhängig machen. Jimenez zeigt einen anderen Weg: Ich kann in meiner Seele der Liebe einen Ort der Ewigkeit schaffen. Das heißt: Ich fixiere mich nicht auf den Mangel an Liebe, an dem ich leide. Ich schaue nicht nach anderen aus, um zu fragen, ob sie mich lieben oder nicht. Ich kann mir aber vorstellen, dass in mir eine Quelle göttlicher Liebe ist, die nie versiegt, nie aufhört, die ewig ist. Diese Vorstellung befreit mich von der Lähmung durch die Fixierung auf die Nichterfahrung von Liebe.

Luise Reddemann weist darauf hin, dass diese Fähigkeit, durch eigene Vorstellung an die eigenen Quellen zu kommen, schon sehr alt ist. So begaben sich die Schüler des griechischen Philosophen Epikur, der Wege zum Glück lehrte, „in Vorstellungsbildern auf einen Standpunkt außerhalb ihrer eigenen Existenz, um sich bewusst zu machen, wie klein ihre Sorgen und Nöte aus der Entfernung erschienen." Heute sieht diese „Kunst" nicht sehr viel anders aus. Man kann sich vorstellen, auf einem Berg zu stehen oder in einem Flugzeug zu fliegen und auf das eigene Leben zu schauen. Dann relativiert sich vieles, worum wir uns manchmal übertrieben sorgen.

Schon um die Zeit Jesu gab der römische Dichter Ovid ähnliche Ratschläge: „Freude macht es, die hohe Sternenbahn zu durchmessen, Freude, die Erde und ihren trägen Sitz zu verlassen, auf der Wolke zu reiten, sich auf die Schultern des starken Atlas zu stellen, von fern auf die überall umherirrenden Menschen herunter zu schauen." Solche Vorstellungsbilder – Visualisierungen nennt sie die Psychologie – bringen uns in Berührung mit inneren Quellen von Kraft, Ruhe, Gelassenheit, innerem Frieden. Die moderne Gehirnforschung hat festgestellt, dass „lebhafte Visualisierung dieselben Gehirnzellen aktiviert, wie die vorgestellte Handlung selbst". Darauf weist Luise Reddemann hin, die am Beispiel der Turmspringerin Laura Wilkinson auch zeigt, welche Kräfte die innere Vorstellung freisetzen kann. Wilkinson brach sich bei der Vorbereitung der Olympischen Spiele 2000 drei Zehen. Sie konnte daher nicht trainieren und ins Wasser springen. Was machte sie? Sie setzte sich täglich stundenlang auf die Sprungrampe und ließ jeden ihrer Sprünge bis ins kleinste Detail vor ihrem geistigen Auge ablaufen. Sie gewann eine Goldmedaille.

Psychotherapeuten raten uns, uns zu fragen, wo wir uns gut fühlen, und uns in solche Situationen innerlich hinein zu begeben. Dadurch kommen wir in Berührung mit dem Potential an Möglichkeiten und Energien, die in uns stecken. Anstatt nur unsere Probleme zu besprechen und uns auf unsere Leiden und Schwächen zu konzentrieren, motivieren sie uns, darauf zu achten, was wir gut können, wo wir unsere Fähigkeiten sehen, was uns leicht von der Hand geht. Sie regen uns an, mit unseren Möglichkeiten und Fähigkeiten in Berührung zu kommen. Jeder von uns hat solche Stärken. Doch oft übersehen wir sie, weil wir nur auf unsere Schwächen fixiert sind.

Erinnerung

Neben der Vorstellungskraft ist die Erinnerung eine wichtige Quelle, aus der wir schöpfen können. Die Griechen kennen die neun Musen, die uns in die Kunst des gesunden Lebens einweisen. Die Mutter der Musen ist die Mnemosyne, die Erinnerung. Die Griechen haben offensichtlich erfahren, dass die Erinnerung eine große Hilfe auf dem Weg zu einem gelingenden Leben ist. Sie warnen uns, von der Quelle der Lethe, des Vergessens, zu trinken, und führen uns an die Lebensquelle der Erinnerung. Cicero überliefert uns, dass die Griechen sich gegenseitig als Trost zugerufen haben: „Erinnere dich, dass du als Mensch geboren bist!" Sie sollten sich an ihre höhere Herkunft aus Gott erinnern. Sich dies bewusst zu machen, soll Wunden heilen. Der hl. Augustinus hat die Erinnerung als den wichtigsten Ort der Gotteserfahrung beschrieben. Im Innern der Seele begegnet der Mensch Gott, der ihm innerlicher ist als er selbst. Nach Augustinus erinnert sich der Mensch in der „memoria" „seines Ursprungs und seiner Lebensquelle" (R. Körner). Henri Nouwen hat die Gabe der Erinnerung als die wichtigste Aufgabe des Seelsorgers beschrieben. Denn, so seine Überzeugung, der Seelsorger soll die Menschen, die er begleitet, durch Erinnerung heilen. Ohne Erinnerung an die vergangenen Wunden gibt es keine Heilung. Aber es kommt darauf an, wie wir uns an das Vergangene erinnern. Wie wir uns fühlen, das hängt von der Art und Weise der Erinnerung ab. „Gewissensbisse sind eine bedrückende Erinnerung, Schuld ist eine anklagende Erinnerung, Dankbarkeit ist eine freudige Erinnerung, und all diese Gefühle sind tief beeinflusst davon, wie wir vergangene Erlebnisse in unser Dasein in dieser Welt einbezogen haben. In der Tat: wir nehmen unsere Welt mit unseren Erinnerungen wahr." Die Erinnerung an die vergangenen Wunden ist, so Henri Nouwen, die Voraussetzung, dass sie geheilt werden können. Er zitiert den deutschen Philosophen Max Scheler: „Sich Erinnern ist der Anfang der Freiheit von der heimlichen Macht der erinnerten Sache oder des erinnerten Ereignisses." Indem ich mich an die schmerzlichen Erlebnisse in meiner Lebensgeschichte erinnere, befreie ich mich von der destruktiven Macht dieser Erfahrungen. Ich räume gleichsam das Laub weg, das sich auf den Ackerboden meiner Seele gelegt hat. Nur so kann die Sonne der göttlichen Liebe die Blumen in mir hervorlocken.

Es geht aber nicht nur um die schmerzlichen Erfahrungen, die wir gemacht haben und die wir natürlich auch nicht verdrängen dürfen. Ein Weg der Heilung besteht nämlich gerade darin, dass wir uns insbesondere an all die schönen Erlebnisse erinnern, die wir in unserem Leben ja auch hatten. Das können Erfahrungen sein, dass wir uns glücklich fühlten und im Einklang waren mit uns selbst. Das kann eine schöne Bergtour sein, eine beglückende Begegnung oder die Erfahrung, dass uns etwas gelungen ist. Wir sollten uns daran erinnern, wie wir früher eine Krise bewältigt haben. Jeder hat in sich eine Kompetenz, mit Schwierigkeiten umzugehen. Wenn wir uns an diese Fähigkeit bewusst erinnern, wird sie wieder in uns aktiviert.

Diese therapeutisch heilsamen Aspekte verweisen auch auf eine theologische Heilsdimension, wenn wir uns in Erinnerung rufen, was Gott uns in unserem Leben geschenkt hat, wo wir ihn erfahren durften, wo er unsere Not gewendet und uns seine Liebe erwiesen hat. Der Glaube lebt wesentlich von der Erinnerung an Gottes Taten. Darin besteht ja das Wesen des Glaubens: dass wir mitten in den Turbulenzen unseres Lebens einen festen Stand haben. Die Liturgie lebt von der Erinnerung: Die Heilstaten Jesu werden erinnert und dadurch gegenwärtig. Wir haben teil an der heilenden Wirkung der vergangenen Geschehnisse, indem wir uns daran erinnern und sie in der Liturgie darstellen. Platon entfaltet ein ähnliches Konzept von Erinnerung. Für diesen griechischen Philosophen erinnert sich die Seele an ihr Wesen, das sie vor der Geburt hatte. Christlich könnte man sagen: Wir erinnern uns an unser wahres Wesen, an unseren göttlichen Kern, an das einmalige Bild, das Gott sich von uns gemacht hat. Die Erinnerung an dieses unser ursprüngliches und unverfälschtes Bild befreit uns vom Verhaftetsein an die Konflikte unseres Alltags. Es zeigt uns, dass mitten in den Turbulenzen unseres Lebens noch etwas anderes in uns ist. Das schafft uns innere Distanz, Freiheit und Gelassenheit.

Verena Kast regt an, sich vor allem an Situationen zu erinnern, in denen wir uns gefreut haben. Wir sollten unsere Freudenbiographie schreiben. Indem wir uns erinnern, was uns in unserem Leben schon gefreut hat und wie wir dieser Freude Ausdruck gegeben haben, kommen wir in Berührung mit der Freude. Freude ist für Verena Kast eine gehobene Emotion, die etwas in uns in Bewegung bringt. Jeder weiß aus eigener Erfahrung, dass er gut und gerne arbeitet, wenn er in sich Freude spürt. Zwar wissen wir: Wir können die Freude nicht *machen*. Aber wir können uns an die Freude erinnern, die wir schon erfahren haben. In diesem Akt der Erinnerung wird dann diese schöpferische Quelle selbst in uns wieder lebendig: „In der Freude, einer der so genannten gehobenen Emotionen, erleben wir die Fülle des Daseins, erleben wir Vitalität, Energie, Körperlichkeit, Verbundenheit mit anderen Menschen, wir erleben Selbstsein in der Selbstvergessenheit, erleben Hoffnung neu. Wir erleben, dass es in jedem Menschenleben, so schwierig es auch sein mag, Oasen der Freude gibt, die in der Erinnerung auch wieder Freude zurückbringen."

Ähnlich wie Verena Kast ermuntert auch Eckhard Schiffer, Chefarzt eines christlichen Krankenhauses, uns an gute Erfahrungen in der Kindheit zu erinnern. Er denkt dabei vor allem an Erlebnisse, in denen unsere Sinne satt geworden sind. Wenn wir als Kind intensiv gespielt haben und mit allen Sinnen die Welt wahrgenommen haben, dann genügen Gerüche oder Bilder, um uns in der Phantasie wieder mit diesen beglückenden Erfahrungen in Berührung zu bringen. Dann brauchen wir nicht ständig neue äußere Reize, um etwas zu erleben. Wir können uns durch die eigene Phantasie eine eigene Welt schaffen: „Ich bin unglaublich frei und eigenständig – vermöge einer lebendigen Phantasie, weil ich mir das, was ich für mein Vergnügen brauche, selber zaubern kann! … Freude, auch als Lebensfreude, speist sich aus der unerschöpflichen Phantasie in die Innenwahrnehmung hinein." Schiffer erzählt von der schwedischen Schriftstellerin Astrid Lindgren, die in ihrer Autobiographie von ihrer Kindheit schreibt: „In unseren Spielen waren wir herrlich frei und nie überwacht. Und wir spielten und spielten und spielten." Vermutlich hat Astrid Lindgren mit ihren Büchern auch deswegen so viele Menschen angesprochen, weil sie aus der reichen Quelle ihrer eigenen Erinnerungen geschöpft hat. Die Leichtigkeit ihrer Bücher kommt offensichtlich aus jener Leichtigkeit, die sie bei ihrem kindlichen Spielen erlebt hat. Wer als Kind mit Phantasie ohne zu ermüden gespielt hat, der kommt noch als Erwachsener in der Arbeit immer wieder in Berührung mit der unerschöpflichen Quelle seiner Phantasie, mit der er damals als Kind seine Spiele ausgedacht und durchgeführt hat.

Das poetische Kinderbuch des Künstlers Leo Lionni über die Maus Frederick zeigt, wie die Erinnerung an die Farben des Sommers der Maus die Fähigkeit verleiht, im Winter von der Wärme und Buntheit des Sommers zu erzählen. Das ist nicht nur für die Maus Frederick heilsam, sondern bringt auch Licht und Wärme in die winterliche Kälte der anderen Mäuse. Nicht umsonst hat diese Geschichte weltweit Millionen Menschen berührt. Wer sich lebhaft an schöne Erlebnisse der Vergangenheit erinnern kann, der schöpft aus einer schier unerschöpflichen Quelle. Und er wird auch für seine Umgebung zu einer Quelle von Dankbarkeit und Freude. Denn indem er seine Erinnerungen erzählt, bringt er auch die Zuhörer in Berührung mit dem, was sie an beglückenden Erfahrungen machen durften.

Aktive Imagination

Ein wichtiger Weg, die inneren Ressourcen zu entdecken, ist die aktive Imagination, wie sie der Schweizer Therapeut C. G. Jung entwickelt hat. In ihr sollen wir uns Inhalte des Unbewussten vorstellen. Für C. G. Jung ist das Unbewusste eine Quelle der Lebenserneuerung. Durch die aktive Imagination gelangen wir zu ihr. Aktive Imagination zeigt uns Wege auf, wie wir weitergehen können, und sie deckt uns die Quellen auf, die uns zur Verfügung stehen. Jung hat die aktive Imagination vor allem im Umgang mit Träumen entwickelt und festgestellt, dass das Bewusstmachen der unbewussten Inhalte durch Malen, Tanzen oder durch die Vorstellung eine heilende Wirkung auf die Seele hat. Jung nennt die Imagination bewusst „aktiv". Auf der einen Seite geht es ihm darum, einfach geschehen zu lassen, der Phantasie in sich Raum zu geben, damit sie aufsteigen kann. Auf der anderen Seite geht es aber auch darum, diese Phantasie zu lenken. Sie geht aus von den Inhalten des Traumes oder des Unbewussten. Und ich verbiete mir, einfach nur destruktive Phantasien auszumalen oder meine Rachegedanken auszuphantasieren. Vielmehr braucht es eine ethische Grundhaltung.

Konkret könnte die aktive Imagination bei der Traumarbeit so aussehen: Ich stelle mir vor, dass ich allein in einem Kino sitze. Neben mir steht ein Filmapparat. In ihn lege ich den Film meines Traumes ein. Nun kann ich den Traumfilm abspielen lassen. Ich lasse den Film langsamer laufen, wenn es für mich stimmt. Ich kann die Bilder auch stehen lassen, um mich in sie hinein zu vertiefen. Und dann beginne ich mich mit den Figuren des Traumbildes zu unterhalten. Oder aber ich schaue das Bild einfach nur an und lasse es auf mich wirken. Indem sich das Traumbild in mich einbildet, kann es heilend auf mich einwirken.

Eine depressive Frau erzählte mir, dass sie von einem hellen Licht geträumt habe. Als sie aufwachte, ging es ihr besser. Es hat wenig Sinn, diesen Traum zu deuten. Hilfreicher ist es, wenn ich mich in das Bild des inneren Lichtes hinein meditiere. Auf diese Weise kann das Licht meine innere Dunkelheit durchdringen und vertreiben. Ich fühle mich dann besser. Ich spüre, dass die Quelle des Lichtes in mir selber ist und alles in mir erleuchten möchte.

Wem es gelingt, der kann den Traum einfach weiterträumen. Er schaut das Traumbild an und lässt dann seiner Phantasie freien Lauf. Oft geht der Traum dann in eine Richtung, die zu mehr Lebendigkeit und Klarheit führt. Manchmal zeigt sich im weiter geträumten Traum dann eine Lösung für mein momentanes Problem. So hatte eine Musikstudentin von einem Mann geträumt, der mit dem Messer auf sie zukommt. Sie war schreiend aufgewacht. In der aktiven Imagination träumte sie den Traum weiter. Da gab ihr der Mann das Messer. Auf einmal wusste sie: Ich muss mich besser abgrenzen. Ich muss meine Maßlosigkeit im Studium und im Klavierüben beschneiden. Die Imagination brachte sie in Berührung mit ihrer eigenen Fähigkeit, Grenzen zu setzen.

67

Verena Kast hat diese Weise der aktiven Imagination weiterentwickelt. Sie rät dazu, sich in der Imagination entweder an vergangene Situationen zu erinnern und sie auszumalen, oder aber sich etwas Künftiges vorzustellen, etwas, das einem gut tut. Man kann sich auf diese Weise vorstellen, wie man ein Problem lösen möchte, welche innere Haltung man entwickeln möchte. Man kann auch verschiedene Selbstentwürfe ausprobieren. Verena Kast nützt diese Methode therapeutisch: „In der Imagination kann man sich Räume erschließen, in denen uns wohl ist, Räume, in denen wir unsere Identität stabilisieren können, wir können Probleme darstellen und uns mit ihnen auseinandersetzen."

Die Methode der Imagination wurde von dem amerikanischen Psychologen und Arzt Carl Simonton bei der Behandlung von Krebskranken entwickelt. Durch Visualisierung möchte er die Selbstheilungskräfte im Patienten wecken. Und für ihn ist auch die spirituelle Dimension wichtig. Er fordert seine Patienten auf, ihr Glaubenssystem zu ändern. Oft ist unsere Ansicht über das Leben schuld an unseren Problemen. Der Glaube ist für ihn eine Weise, mein Leben zu sehen und zu verstehen, die mir hilft, besser damit zurecht zu kommen. Ähnlich wie Carl Simonton arbeitet Jeanne Achterberg mit inneren Bildern. „Unsere Seele denkt in Bildern", davon ist sie überzeugt. Wenn ich positive Bilder meditiere, wirken sie heilend auf die Seele. Sie in sich einzubilden, tut der Seele und dem Leib gut. Jeanne Achterberg lädt ihre Patienten ein, sich einen heilenden Ort vorzustellen, an dem sie sich gesund und wohl fühlen. Die Vorstellung so eines heilenden Ortes wirkt oft belebend und heilend auf Leib und Seele.

Die aktive Imagination nutzt die Vorstellungskraft des Menschen. Sie weiß: In unserer Seele liegen heilende Bilder bereit. Sie wollen nur aktiviert werden. Aber auch die Bibel bietet uns solche Bilder an, etwa das Bild des brennenden Dornbusches, das Bild des Tempels, das Bild des Weinstocks. Wenn wir solche Bilder in uns einbilden, dann zentrieren sie uns: Wir kommen mit unserer eigenen Mitte in Berührung und in ihr mit der Quelle, die in uns sprudelt. Es geht dabei nicht darum, über die biblischen Bilder nachzudenken, sondern sie in sich einzubilden und sich vorzustellen: Ich bin der brennende Dornbusch, leer und ausgebrannt, aber dennoch voller Feuer, von Gottes Herrlichkeit erfüllt. Ich bin der Tempel, weit und schön. In mir wohnt der unendliche Gott. Ich bin der Weinstock, angeschlossen an den Kreislauf der göttlichen Liebe. Die Bilder zeigen mir, wer und wie ich wirklich bin. Sie heilen meine kranken Selbstbilder, die mich oft am Leben hindern, und decken mir meine eigenen Möglichkeiten auf, die Gott in mich eingeformt hat.

Wir können die aktive Imagination auch üben, wenn es uns nicht gut geht. Damit entziehen wir uns dem Terror der äußeren Gegebenheiten. Selbst wenn wir von feindlichen Menschen umgeben sind, können wir mit der Gabe unserer Imaginationskraft in eine Welt eintauchen, die uns gut tut. Der von den Nazis zum Tode verurteilte Widerstandskämpfer, der evangelische Theologie Dietrich Bonhoeffer, hat das im Gefängnis von Tegel geübt. In der Vorstellung brach er aus dem engen Gefängnis aus. Diese Imagination war für ihn eine wichtige Quelle, um in dieser unmenschlichen Umgebung zu überleben und an seiner Würde festzuhalten.

Wie Gesundheit entsteht

Seit einigen Jahren gibt es eine neue Richtung in der Psychologie, die sogenannte Salutogenese. Sie wurde vom jüdischen Therapeuten Aaron Antonovsky entwickelt. Antonovsky hatte bei der Behandlung von Holocaustopfern die Feststellung gemacht, dass die gleichen schlimmen Erfahrungen bei den einen zum Zusammenbruch und zur Krankheit führten, die anderen jedoch stärker und gesünder werden ließen. Die Frage, die er sich stellte war: Was sind die Bedingungen dafür, dass ein Mensch an den Verletzungen nicht zerbricht, sondern daran wächst? Er konzentrierte sich in der Folge auf die Frage, was den Menschen gesund macht, und nicht darauf, was ihn krank macht. Das ist ein grundlegender Perspektivenwechsel. Inzwischen wird diese neue Sichtweise von vielen anderen Therapeuten und Ärzten übernommen. Es gibt eine ganze Richtung der Gesundheitspsychologie, der es darum geht, die Menschen an ihre Ressourcen zu führen, aus denen sie schöpfen können, damit ihr Leben gelingt.

Salutogenese könnte man mit „Entstehung von Gesundheit" übersetzen. Dabei heißt das lateinische Wort „salus" nicht nur Gesundheit, sondern auch Heil. Heil ist ein wichtiger Begriff der christlichen Erlösungslehre. Jesus ist der salvator, der Erlöser und Retter, der Heiland, der uns Heil bringt. Der Pastoralpsychologe Christoph Jacobs hat in seiner Doktorarbeit versucht, die heutige Gesundheitsforschung und das Konzept von Antonovsky für die Arbeit mit Seelsorgern fruchtbar zu machen, die oft erschöpft sind. Statt nur ihre Erschöpfungssymptome zu kurieren, so plädiert er, sollten sie die inneren Ressourcen pflegen. Jacobs erklärt das Salutogenese-Modell von Antonosvky so: Entscheidend für das

Entstehen von Gesundheit des Leibes und der Seele ist das Kohärenzgefühl, das heißt: Grundvertrauen und Verankertsein in einer Welt, die in sich sinnvoll ist. Kohärenzgefühl besagt, dass alles zusammengehört und zusammenhängt. Das gilt nicht nur für die äußere Welt, sondern auch für die innere Welt der Seele. Alles, was ich in mir entdecke, darf sein. Alles hat einen Sinn. Ich kann es verstehen, und ich kann es gestalten und formen. Und ich entdecke in allem, was mir in meiner Seele begegnet oder was mir in der Außenwelt entgegen kommt, eine Herausforderung, an der ich wachsen kann. Ich fühle mich weder durch meine eigene Psyche, noch durch die Außenwelt überfordert. Im Gegenteil: Ich habe Lust, daran zu wachsen, an mir und an der Welt zu arbeiten und mich für eine menschlichere Welt zu engagieren.

Jacobs beschreibt die Bedeutung des Kohärenzgefühls folgendermaßen: Das Kohärenzgefühl drückt sich aus in der Verstehbarkeit (Deutung der Welt), Gestaltbarkeit (Ressourcen, Talente) und Bedeutsamkeit (Herausforderung, Engagement). Damit ein Kohärenzgefühl entstehen kann, sind drei Faktoren notwendig: Konsistenz (Überschaubarkeit und Erklärbarkeit der Lebenserfahrungen), Balance zwischen Überbelastung und Unterbelastung und Teilhabe am Entscheidungsprozess. Das Gegenteil von Konsistenz ist Brüchigkeit. Manche erfahren ihr Leben von Geburt an als brüchig. Sie können ihr Lebenshaus nicht auf sicheren Boden bauen. Sie tun sich schwer, ihr Leben zu gestalten. Doch sobald sie ihr Leben verstehen, finden sie einen Weg, es auch zu gestalten. Für das Entstehen von Gesundheit ist es wichtig, dass wir ein Gleichgewicht zwischen Überbelastung und Unterbelastung finden. Wer ständig überfordert wird, wird unfähig, sein Leben in die Hand zu nehmen. Aber wer ständig unterfordert

71

ist, der verliert auch die Lust, an sich zu arbeiten. Er erschlafft und verliert seine Spannkraft. Für Menschen, die jeder Überbelastung aus dem Weg gehen, wird das Leben selbst oft zur Last. Sie meinen, sie würden ihr Leben vor Überforderung schützen. Doch in Wirklichkeit belasten sie sich damit selbst. Denn anstatt äußere Lasten zu meistern und daran zu wachsen, wird ihnen das Leben zu einer Last, die sie kaum mehr zu tragen vermögen. Aber zu diesen inneren Faktoren gehört eine soziale Komponente: die Teilhabe am Entscheidungsprozeß. Ich brauche das Gefühl, dass ich mitreden kann über mein eigenes Leben, aber auch bei Entscheidungen in der Arbeit und in der Zukunftsgestaltung meiner Umwelt. Wer das Gefühl hat, die Entscheidungen über seine Zukunft sind in der Hand fremder Mächte, der verliert den Kontakt zu seinen eigenen Ressourcen.

Aaron Antonosvky unterscheidet persönliche und soziale Ressourcen. Wer aus diesen beiden Quellen schöpft, der erlebt den Stress nicht als belastend, sondern als herausfordernd.

Als personale Ressourcen zählt er auf: Seelische Gesundheit; Kohärenzgefühl; Zuversicht bzw. Optimismus; eine durchgängige hoffnungsvoll-zuversichtliche Lebenseinstellung, die die Misserfolge überdauert; die subjektive Überzeugung, wichtige Ereignisse im Leben selbst beeinflussen zu können; Selbstvertrauen als die Überzeugung, die Kompetenz zu besitzen, Problemsituationen bewältigen zu können; Herausforderung als Überzeugung, dass Veränderungen normal und Anreize zum Wachstum sind; Selbstwertgefühl, ein stabiles Selbstsystem, welches nicht vom Zusammenbruch bedroht ist; eine stabile Emotionalität; eine unbekümmerte Selbsteinschätzung im Sinne der Fähigkeit, auch bei einschneidenden Veränderungen eine unbekümmerte, ruhige und zufriedene Grundhaltung beibehalten oder wieder aufbauen zu können. All diese Ressourcen findet der Mensch in sich vor. Aber er kann sie auch entwickeln. Manchmal sind sie durch Verletzungen und Konfliktsituationen verschüttet. Dann besteht die Aufgabe des Therapeuten oder Seelsorgers darin, den Klienten wieder an seine eigenen Ressourcen zu führen, ihm die Augen dafür zu öffnen, dass er doch die Fähigkeit in sich hat, mit Konflikten umzugehen und sich den Herausforderungen des Lebens zu stellen.

Genauso wichtig sind jedoch auch die sozialen Ressourcen, die uns zur Verfügung stehen. Die Gesundheitsforschung hat erkannt, dass gute zwischenmenschliche Beziehungen wesentlich zur Gesundheit und zu einem gelingenden Leben beitragen. Sie spricht von einem „sozialen Immunsystem", das dem Menschen hilft, auf krankmachende Keime von außen abweisend zu reagieren. Das Gefühl, wertvoller Teil einer Gemeinschaft zu sein, ist für die Gesundheit und Lebenserwartung eines Menschen von großer Bedeutung. Zu den sozialen Ressourcen gehören nach Jacobs: „Günstige allgemeine engere Lebensbedingungen in Familie oder Gemeinschaft (Achtung, Wärme, Rücksichtnahme, wechselseitige Unterstützung); günstige Arbeitsbedingungen (gutes Arbeitsklima, angemessener Entscheidungsspielraum, Gelegenheit zur Entfaltung der eigenen Potentiale und Wünsche); intakte nachbarschaftliche Beziehungen; günstige materielle Lebensbedingungen (Wohnung, Einkommen); förderliche gesellschaftliche Institutionen (Gesundheit, Erziehung, soziale Sicherheit, Kultur usw.); sichere politische Rahmenbedingungen."

Die sozialen Ressourcen sind in vielen Fällen oft einfach vorhanden. Dann sollen wir dankbar dafür sein. Aber oft müssen wir sie erst auch schaffen oder zumindest dazu beitragen, dass sie stärker werden. Das gilt etwa für die Organisation des Arbeitsplatzes. Da liegt es an der Führung, ein Klima zu schaffen, in dem Menschen gerne arbeiten, und die Arbeit so zu organisieren, dass alle genügend mitreden können und zugleich Klarheit und Durchschaubarkeit des Arbeitsablaufes wahrnehmen. Soziale Ressourcen zu fördern ist Aufgabe der Firmen, der Pfarreien, der Dorfgemeinschaft oder der Nachbarschaftshilfe. Doch zugleich liegt es auch am einzelnen, die sozialen Ressourcen zu nutzen, die ihm zur Verfügung stehen, und sie zu pflegen, damit sie stärker werden.

Das Modell der Salutogenese verweist uns auf eine wesentliche Einsicht: Die Suche nach den inneren Quellen ist ein entscheidender Schritt zur Gesundheit des Menschen. Wir sollen uns nicht nur auf die Verletzungen unserer Lebensgeschichte konzentrieren, sondern Ausschau halten, welche Ressourcen uns hier und jetzt zur Verfügung stehen. Diese Quellen sind uns teilweise vorgegeben durch die Erfahrungen unserer Kindheit. Wir können aber auch zu ihnen vordringen, wenn wir uns geeignete Rahmenbedingungen schaffen, wie die Teilhabe an wichtigen Entscheidungsprozessen oder wie ein ausgeglichenes Verhältnis von Überforderung und Unterforderung.

Mich haben die Gedanken, die Antonovsky in seinem Konzept der Salutogenese entwickelt hat, sofort angesprochen. Ich spürte, dass hier ein guter Weg ist, mit seinen inneren Quellen in Berührung zu kommen und aus ihnen zu schöpfen. Und ich fühlte mich bestätigt in meinem eigenen Anliegen, die Menschen in der Begleitung immer wieder auf ihre eigenen Ressourcen hinzuweisen, anstatt nur über ihre Verletzungen zu reden. In jedem von uns gibt es Quellen, aus denen wir schöpfen können. Es sind Quellen, die uns Kraft geben, die unsere Wunden heilen und die uns befähigen, unser Leben selber zu gestalten, Gesundheit und Freude am Leben zu fördern.

Das innere Kind

Eine andere Quelle, aus der wir schöpfen können und die heute von vielen Psychologen neu entdeckt wird, ist das so genannte innere Kind. Es gibt inzwischen viele Bücher zu diesem Thema. Gemeint ist: Jeder von uns trägt in sich das Kind, das er einmal war. Da ist das verletzte Kind, das wir in den Arm nehmen sollen, um es zu trösten und für es zu sorgen. Anstatt zu jammern sollen wir mütterlich und väterlich mit dem kleinen Jungen und dem verlassenen Mädchen umgehen – dem Kind, das wir selber sind. Wir übernehmen die Verantwortung für das hilflose und gekränkte Kind in uns. Da ist aber auch das göttliche Kind. Es steht für das Potential an Kreativität und Phantasie, das wir in uns vorfinden. Es ist das, was uns Gott von Geburt an mitgegeben hat. Es sind unsere Fähigkeiten, unsere Art und Weise zu denken und zu fühlen. Und es ist unsere ganz persönliche Weise, unser Leben zu verstehen und zu gestalten.

In dem Buch „Finde deine Lebensspur" habe ich zu den frühen Verletzungen, die wir als Kinder erfahren haben, einiges ausgeführt. Nach einem Vortrag zu diesem Thema fragte mich eine Frau, wie sie denn mit ihrer Vaterwunde umgehen solle. Ihr Vater habe sie sofort nach der Geburt verlassen und sie wisse gar nichts von ihm. Sie wisse nicht, wer und wo er sei. Sie spüre nur die Wunde der Verlassenheit. Was ich ihr sagen konnte, ist dies: Es ist sicher wichtig, den Schmerz wahrzunehmen und ihn nicht zu verdrängen. Aber niemand kann immer beim Schmerz stehen bleiben. Wenn sie das täte, würde sie sich nur von ihrem abwesenden Vater her definieren. Auch sie ist ja nicht für immer verlassen. Sie ist nicht nur Kind eines Vaters, der sich nie um sie gekümmert hat. Sie hat in sich auch ein archetypisches Bild des Vaters. Dieses archetypische Bild kann sie auf Menschen projizieren, die für sie zum Ersatzvater werden und ihr etwas von väterlicher Qualität geben. Aber sie hat schließlich auch selber etwas Väterliches in sich. Und so soll sie dem verlassenen Kind in sich Vater sein, ihm den Rücken stärken, ihm Mut machen, das Leben trotz aller Verlassenheit zu wagen. Und sie kann schließlich Gott als ihren Vater erfahren, als jemand, der zu ihr steht, der seine schützende Hand über sie hält und ihr den Rücken stärkt.

Früher hätte ein Therapeut versucht, die Verlassenheit zu bearbeiten. Eine ressourcenorientierte Therapie überspringt die Verlassenheit nicht, aber sie hilft dem Klienten, an seine eigenen inneren Quellen zu gelangen. Dies sind in erster Linie Erfahrungen, in denen sich das Kind geborgen und stark gefühlt hat. Es gilt danach zu fragen, was der Klient geschafft hat, und es zu bestärken. Die Frau hat immerhin bis jetzt diese Verlassenheit überlebt. Sie hat gezeigt, dass in ihr Kraft ist. Natürlich leidet sie immer noch an dieser Verlassenheit. Und manchmal hat sie den Eindruck, nicht mehr leben zu können. Aber sie kann darauf bauen, dass ihre Mutter sie ausgetragen hat. Sie hat sich für sie engagiert. Das ist schon einmal eine positive Quelle, aus der sie schöpfen kann. Und sie hat ihre eigenen Stärken entwickelt, sich durchzubeißen. Es gibt also positive Ressourcen, die man bewusst machen und verstärken kann.

Ich erlebe immer wieder Menschen, die sich bedauern, dass Vater und Mutter sie so verletzt und ihnen so wenig gegeben hätten. Sie leiden darunter, dass ihre Eltern sie nicht anerkannt und nie gelobt haben. Sie sehnen sich noch mit 50 oder 60 Jahren danach, endlich vom Vater gelobt zu werden oder von der Mutter zu hören, dass sie sie liebe. Diese Sehnsucht ist verständlich. Aber sie macht auch abhängig. Da ist wichtig, sich selbst Vater und Mutter zu sein. Das Väterliche und Mütterliche in mir kann sich dem verlassenen Kind in mir zuwenden.

Aber in mir ist nicht nur das verlassene Kind, sondern auch das göttliche Kind. Das innere Kind ist das göttliche Kind. Es zeigt mir, dass in mir nicht nur der verletzte kleine Junge ist, sondern auch etwas, das größer ist als ich. Das göttliche Kind ist eine Quelle von Kreativität und Phantasie, von Lebendigkeit und Vertrauen, von Kraft und Energie. Ich komme aber mit dem göttlichen Kind nur in Berührung, wenn ich auch das verletzte Kind in mir zulasse. Für C. G. Jung ist das göttliche Kind ein archetypisches Bild, das die Kraft in sich hat, unser Leben zu erneuern. Wenn es in uns auftaucht, löst es oft einen Energieschub aus und lässt die Quelle der Kreativität in uns strömen. Als Jung in einer persönlichen Krise war und sein Leben stagnierte, tauchte auf einmal die Erinnerung aus der Kindheit auf: „Damals hatte ich leidenschaftlich mit Bausteinen gespielt … Zu meinem Erstaunen tauchte diese Erinnerung auf, begleitet von einer gewissen Emotion. Aha, sagte ich mir, hier ist Leben. Der

77

kleine Junge ist noch da und besitzt ein schöpferisches Leben, das mir fehlt." Die Erinnerung an seine kreativen Spiele in der Kindheit half Jung, die innere Krise zu überwinden und sich wieder lebendig und schöpferisch zu erfahren. Die Erfahrung, die er gemacht hat, können wir alle auch machen. Wenn wir uns vertrocknet fühlen, sollten wir uns an das göttliche Kind in uns erinnern, wie es in der Kindheit gespielt hat, welche Phantasie und Kreativität in ihm steckt. Die Beziehung zum göttlichen Kind in mir wird in mir neue Lebendigkeit und Fruchtbarkeit bewirken.

3. Quelle des Heiligen Geistes

Wir dürfen dankbar sein für die Quellen, die wir in uns vorfinden. Sie sind ein Geschenk Gottes seit unserer Geburt. Es ist nicht unser Verdienst, wenn wir diese oder jene Veranlagung haben. Andere Quellen verdanken wir unseren Eltern, unserer Erziehung oder dem Einfluss von Freunden. Aber wir müssen durch diese menschlichen Quellen noch tiefer hindurch bohren, bis wir auf eine Wirklichkeit stoßen, die ich bildhaft mit dem Grundwasser vergleichen möchte. Die menschlichen Quellen sind belebend und wichtig, aber auch begrenzt. Da sehnen wir uns nach der unerschöpflichen Quelle in uns, die nicht aus uns selbst stammt, sondern uns von Gott geschenkt ist. Diese Quelle des Heiligen Geistes strömt in jedem Menschen. Aber oft genug sind wir davon abgeschnitten oder wir beachten sie nicht. Spiritualität heißt für mich, aus der Quelle des Heiligen Geistes zu leben. Spiritualität kommt ja von „spiritus = Geist". Und Spiritualität meint ein Leben aus dem Heiligen Geist. Aber was heißt das konkret? Wie können wir aus der Quelle des Heiligen Geistes leben? Wie erfahren wir diese innere Quelle? Und woran erkenne ich, dass ich aus der Quelle des Heiligen Geistes lebe?

Eine Antwort auf diese Fragen möchte ich aus der biblischen und aus der philosophischen Tradition heraus suchen. Dabei geht es mir immer um die Frage, wie sich die Quelle des Heiligen Geistes konkret in unserem Leben zeigt und wie wir daraus leben können. Was wir Quelle des Heiligen Geistes nennen, ist ja nichts Abstraktes. Es wird anschaulich und wirksam. Es zeigt sich konkret in Tugenden und Haltungen, die die Kräfte in unserer Seele aktivieren und freilegen. Wer aus dieser Quelle lebt, der darf erleben, dass sein Leben gelingt und einen neuen Geschmack erhält: das Erleben von Weite und Freiheit, von Lebendigkeit und Liebe. Man kann an der Ausstrahlung eines Menschen wahrnehmen, aus welcher Quelle er lebt und arbeitet. Machthunger, Geltungssucht, Gier oder Eitelkeit lassen sich – etwa bei einem Vortrag oder einem öffentlichen Auftritt – oft regelrecht spüren. Man merkt in der Regel, ob jemand sich selbst darstellen und die Aufmerksamkeit auf sich selbst ziehen möchte, oder aber ob er durchlässig ist für etwas Größeres. Man hört schon an der Stimme, man kann es an Gestik und Wortwahl erkennen, ob jemand nur sich selber produziert. Wenn jemand aus der Quelle des Heiligen Geistes heraus spricht, fühlen sich auch die Zuhörer wohl, sie haben dann das Gefühl, angenommen und in einen größeren Zusammenhang aufgenommen zu sein.

Wir merken das aber nicht nur an anderen, sondern können es an uns selber wahrnehmen. Wer aus der Quelle des Heiligen Geistes heraus schöpft, hat gleichsam unerschöpfliche Energie in sich. Seine Arbeit strahlt etwas Leichtes aus. Man spürt ihr die Anstrengung nicht an. Immer wenn wir erschöpft oder unzufrieden mit uns selbst sind, ist es ein Zeichen, dass wir nicht aus der Quelle des Heiligen Geistes geschöpft haben. Wenn wir ehrlich uns selbst gegenüber sind, werden wir merken: Es ging uns dann um unseren Erfolg, um Zustimmung und Beifall. Nicht nur bei „großen Auftritten" oder in Außenbeziehungen ist das so: Auch bei der täglichen Arbeit erkennen wir sehr schnell, aus welcher Quelle wir gerade schöpfen. Wenn wir ärgerlich werden, uns ausgenutzt fühlen, dann ist es die Quelle des eigenen Ego, aus der wir schöpfen. Wir möchten uns beweisen. Wir möchten gesehen werden.

Ein wichtiges Kriterium, ob wir aus der Quelle des Heiligen Geistes schöpfen, ist, dass wir uns absichtslos auf das einlassen, was gerade ist. Wir schreiben und gehen auf im Schreiben. Wir telefonieren und sind ganz im Gespräch, ohne auf die Uhr zu schauen und zu überlegen, was wir noch alles erledigen müssen. Das ist auch der Sinn des benediktinischen Leitspruches: „Damit in allem Gott verherrlicht werde". Benedikt mahnt hier seine Mönche, sie sollen sich wegen ihres beruflichen Könnens nicht über andere erheben und meinen, sie würden mit ihrer Arbeit dem Kloster einen großen Nutzen bringen. Wer so denkt, der ist nicht bei seiner Arbeit, sondern er ist gefangen in seinen eigenen Gedanken. Er ist bei den andern und überlegt, wie er bei ihnen Eindruck machen kann. Der Mönch soll seinen „Beruf in aller Demut ausüben". (RB 57,1) Und er soll seine Erzeugnisse immer etwas billiger verkaufen – auch hier wieder, „damit in allem Gott verherrlicht wird". (RB 57,9) Benedikt bezieht sich mit seiner Mahnung auf eine Stelle im 1. Petrusbrief: „Wer redet, der rede mit den Worten, die Gott ihm gibt; wer dient, der diene aus der Kraft, die Gott verleiht. So wird in allem Gott verherrlicht durch Jesus Christus." (1 Petr 4,11) Das, was der Mönch tut, soll er aus der Kraft heraus tun, die Gott ihm schenkt. Oder anders ausgedrückt: Er soll alle seine Worte und Handlungen aus der Quelle des Heiligen Geistes heraus fließen lassen. Dann bekommen seine Worte und seine Taten einen anderen Geschmack, den Geschmack von „doxa", von Glanz, von Schönheit, von Leichtigkeit, von Durchlässigkeit.

Es ist letztlich ein göttlicher Geschmack, der dann von ihm ausgeht. Und das können die Menschen wahrnehmen. Sie spüren sehr schnell, ob jemand sich selbst verkauft oder ob er durchlässig ist für etwas, das größer ist als er selbst.

Wenn wir aus der Quelle des Heiligen Geistes arbeiten, bekommt unsere Arbeit eine ganz bestimmte Ausstrahlung. Wir haben Lust zu arbeiten. Es blüht um uns herum etwas auf. Und auch andere um uns herum finden Gefallen an dem, was sie tun. Die Arbeit, die aus der Quelle des Heiligen Geistes strömt, hat etwas Leichtes an sich. Sie atmet Phantasie und Kreativität. Sie steckt an und sie ist fruchtbar für andere. Wir können die Wirkungen von Leichtigkeit und Lust an der Arbeit nicht selbst schaffen. Sie stellen sich ein, wenn wir in Berührung sind mit der inneren Quelle und sie einfließen lassen in unsere Aktivität. Und wir werden zwar müde werden, aber nicht erschöpft. Wenn wir den ganzen Tag sinnvoll gearbeitet haben, fühlen wir uns abends müde. Aber es ist eine Müdigkeit besonderer Art: In ihr fühlen wir uns wohl. Wir sind dankbar, dass wir uns für Gott und für die Menschen mit aller Kraft eingesetzt haben. Erschöpfung ist etwas anderes. In der Erschöpfung fühlen wir uns ausgelaugt, unzufrieden. Wir sind müde und können doch nicht schlafen. Wir sind empfindlich und reizbar. So ist der Geschmack, den unsere Arbeit in uns selbst hinterlässt, ein Kriterium dafür, aus welcher Quelle wir gerade schöpfen. Und wenn wir aus einer trüben Quelle schöpfen, dann sollten wir uns nicht darüber ärgern oder gegen die trübe Quelle ankämpfen. Vielmehr geht es darum, tiefer zu graben. Denn unterhalb der trüben Quelle werden wir auf die klare Quelle des Heiligen Geistes stoßen. Sie ist schon in uns. Es kommt nur darauf an, sie auf dem Grund unserer Seele zu entdecken.

Heilsame Anstöße

Das Bild der Quelle, aus der wir für unsere Arbeit, für unser Reden, für unser Leben und für unsere Gesundheit schöpfen sollen, begegnet uns im Neuen Testament vor allem im Johannesevangelium. Jesus verheißt dem, der an ihn glaubt: „Aus seinem Inneren werden Ströme von lebendigem Wasser fließen." (Joh 7,38) Der Evangelist Johannes deutet diese innere Quelle, die in uns strömt, ausdrücklich so, dass sie auf den Heiligen Geist verweist: „Damit meinte er den Geist, den alle empfangen sollten, die an ihn glauben." (Joh 7,39)

Im Gespräch mit der Samariterin am Jakobsbrunnen verspricht Jesus der Frau ein Wasser, das den Durst für immer löscht. Sie brauche nicht mehr ständig aus dem Jakobsbrunnen ihr Wasser zu schöpfen. In ihr selber sei eine Quelle, aus der sie immer trinken könne. Er sagt von dem Wasser, das er dem schenkt, der ihm vertraut: „Vielmehr wird das Wasser, das ich ihm gebe, in ihm zur sprudelnden Quelle werden, deren Wasser ewiges Leben schenkt." (Joh 4,14) Die Frau ist fasziniert von dieser Verheißung, und sie bittet Jesus: „Herr, gib mir dieses Wasser, damit ich keinen Durst mehr habe und nicht mehr hierher kommen muss, um Wasser zu schöpfen." (Joh 4,15) Wir können diesen Wunsch gut verstehen. Auch wir selber haben ja das Gefühl, dass es mühsam ist, ständig und immer wieder neu aus irgendwelchen Brunnen schöpfen zu müssen, zumal diese Zufuhr von außen immer nur für kurze Zeit reicht. Da sehnen wir uns nach einer inneren Quelle, die immer strömt. Diese Quelle verheißt uns Jesus. Für die Samariterin ist es einmal die Quelle, aus der sie ihren Durst nach Leben stillt. Jesus verheißt ihr ewiges Leben. Ewiges Leben ist Leben in Fülle, Leben ganz im Augenblick. Es ist ein Dasein, in dem Zeit und Ewigkeit, Himmel und Erde,

Gott und Menschen zusammenfallen. Jesus verspricht der Frau ein Wasser, das ihren tiefsten Durst löscht und das sie davor bewahrt, innerlich zu vertrocknen. Er spricht aber auch von der Quelle der Liebe, die nie versiegt. Sein Gespräch mit der Samariterin kreist um ihre sechs Männer, die ihre Sehnsucht nach Liebe nicht erfüllt haben. Wenn sie von dem Wasser kostet, das Jesus ihr gibt, – so die Verheißung – dann wird ihre Sehnsucht nach Liebe gestillt. Sie hört dann auf, von einem Mann zu erwarten, dass er sie mit seiner Liebe satt machen könne. Sie entdeckt in sich selber die Quelle der unendlichen göttlichen Liebe, die Quelle des Heiligen Geistes, die in ihr ist.

Das Bild der Quelle ist ein zentrales und immer wiederkehrendes Symbol im Johannesevangelium. Die beiden wichtigsten Heilungsgeschichten in diesem Evangelium spielen sich in der Nähe einer Quelle oder eines Teiches ab. In beiden Geschichten geht es darum, dass Jesus die Kranken mit ihrer inneren Quelle, letztlich mit der göttlichen Quelle, in Berührung bringen will. Für Johannes wird ein Kranker erst dann wirklich gesund, wenn er wieder aus der Quelle des Heiligen Geistes zu trinken vermag. In der ersten Geschichte geht es um einen Gelähmten, der schon 38 Jahre krank ist und keine Abwehrkraft mehr in sich hat. Er liegt unter vielen Kranken, die sich damals um den Teich von Bethesda legten, um beim Aufwallen des Wassers in den Teich zu gelangen und dadurch Heilung zu erlangen. Der Gelähmte hat keine Chance, in den Teich zu kommen. Immer ist schon ein anderer vor ihm. Jesus heilt ihn, indem er ihn anschaut und versteht. Aber das Verständnis allein genügt nicht. Jesus lockt den Kranken aus sich heraus mit der provozierenden Frage: „Willst du gesund werden?" (Joh 5,6) Wir meinen, jeder möchte gerne gesund werden. Doch es

84

gibt Kranke, die sich mit ihrer Krankheit eingerichtet haben. Sie haben ja auch einen Vorteil durch die Krankheit. Sie brauchen keine Verantwortung für ihr Leben zu übernehmen und können sich immer von andern pflegen lassen. Mit seiner Frage möchte Jesus die Kraft, die im Kranken steckt, hervorlocken. Auch im Kranken ist eine Quelle von Energie. Und mit dieser inneren Quelle muss der Kranke zunächst in Berührung kommen, damit er gesund wird. Der Kranke aber weicht der Frage aus. Er erzählt, warum er nicht gesund werden könne. Auf diese Ausreden antwortet Jesus nicht verständnisvoll und mitfühlend, wie wir es vielleicht erwarten würden. Vielmehr fordert er ihn auf: „Steh auf, nimm deine Bahre und geh!" (Joh 5,8) Man könnte sagen: Mit diesem Wort bringt Jesus den Kranken mit seiner inneren Quelle in Berührung. Heilung heißt für Jesus: die Menschen mit der heilenden Kraft ihrer inneren Quelle in Kontakt zu bringen. Er weigert sich, die Krankheit einfach mit einem Wort oder mit einer Berührung wegzuzaubern. Der Kranke kann selber aufstehen und gehen. Doch damit das gelingt, muss er aufhören, aus der trüben Quelle seines Selbstmitleids zu schöpfen. Er muss tiefer bohren, um an die innere Quelle zu gelangen, aus der genügend Energie strömt, die ihn leben lässt.

Die zweite Heilungsgeschichte geschieht am Teich von Schiloach. Es geht in ihr um das Phänomen, dass die trübe Quelle das Augenlicht trübt. Wer aus ihr schöpft, der sieht die Dinge nicht so, wie sie sind. Das Trinken aus der Quelle des Heiligen Geistes verleiht uns klare Augen, die die Wirklichkeit unverhüllt zu sehen vermögen. Schiloach – so sagt uns Johannes – heißt „der Gesandte." (Joh 9,7) Der Teich weist also auf Jesus, den Gesandten Gottes hin. Jesus heilt dort einen Blindgeborenen. Er spuckt auf die Erde, macht

85

mit seinem Speichel einen Teig und streicht ihn dem Blinden auf die Augen. Und dann gibt er ihm den Befehl: „Geh und wasch dich in dem Teich Schiloach!" (Joh 9,7) Als er sich wäscht, wird er sehend. Jesus konfrontiert den Blinden also zuerst mit seiner Wahrheit. Er weist ihn darauf hin, dass er von der Erde genommen ist und dass er auch Schmutz in sich hat. Die Augen, die bisher verschlossen waren, bestreicht er mit Dreck und verschließt sie auf diese Weise noch mehr. Der Blinde soll nach innen sehen und dort seine wahre Gestalt entdecken. Erst dann befiehlt Jesus dem Mann, sich zu waschen. Er soll sich all die Trübungen abwaschen, die sein wahres Wesen verstellen und sich von dem Schmutz reinigen, der ihn von seiner inneren Quelle abschneidet. Manchmal können Menschen nach einer Therapie tatsächlich, auch im buchstäblichen Sinne, besser sehen. Ein kurzsichtiger Mann brauchte auf einmal keine Brille mehr. Weil er in der Therapie den Mut fand, seiner eigenen Wahrheit ins Auge zu sehen, vermochte er auch die Wirklichkeit wieder ohne Eintrübungen zu schauen.

Die Quelle – so zeigen uns die beiden Geschichten – hat fünf Bedeutungen. Sie erfrischt, sie reinigt und heilt. Und sie befruchtet und stärkt:

Die Quelle des Heiligen Geistes erfrischt: Wer aus ihr schöpft, der macht einen frischen Eindruck. Die Gedanken, die er äußert, sind nicht abgestanden, sondern neu. Von einem solchen Menschen gehen neue Ideen aus.

Die Quelle des Heiligen Geistes reinigt: Viele fühlen sich heute innerlich verschmutzt. In der Arbeit mit anderen Menschen bekommen wir immer wieder auch die unklaren und getrübten Emotionen aus unserer Umgebung mit. Wir leiden unter emotionaler Umweltverschmutzung. Da sehnen wir uns nach der Reinigung durch die klare Quelle des Heiligen Geistes. Das ursprüngliche und unverfälschte Bild, das Gott sich von jedem von uns gemacht hat, ist getrübt durch die vielen Bilder, die andere uns über gestülpt haben. Die Erinnerung an die innere Quelle des Heiligen Geistes kann uns helfen, uns von diesen Trübungen immer wieder zu befreien, damit das ungetrübte und reine Bild Gottes in uns aufleuchtet.

Aber auch Heilung geschieht, wie die beiden Geschichten des Johannesevangeliums zeigen. Geistliche Begleitung ist nach meinem Verständnis und nach meiner Erfahrung genau dies: den Menschen mit seiner inneren Quelle in Berührung zu bringen. Wenn das gelingt, dann entsteht oft Heilung. Dann verlieren die seelische Verletzungen an Macht. Das erfrischende und heilende Quellwasser durchströmt die Wunden, reinigt und heilt sie. C.G. Jung hat die Erfahrung gemacht, dass der Mensch erst wirklich geheilt wird, wenn er mit dem Numinosen in Berührung kommt. Eine wirksame Heilung bedarf der heilenden Quelle. In uns ist diese heilende Energie. Sie ist uns von Gott geschenkt. Jesus heilt die Menschen, indem er sie mit dieser inneren Quelle in Berührung bringt. Die Pfingstsequenz betet daher auch: „Heile, was verwundet ist." Der Heilige Geist, den wir in unserem Atem spüren können, ist eine heilende Kraft. Wenn wir sie im Atem in unsere Wunden strömen lassen, dann dürfen wir vertrauen, dass sie geheilt werden. Die Wunden verschwinden nicht einfach, aber der Heilige Geist ist wie ein Öl, das den Schmerz lindert und dessen heilende Kraft dem verletzten Menschen gut tut.

Und schließlich: Die Quelle des Heiligen Geistes befruchtet. Viele machen immer wieder die schmerzliche Erfahrung: Sie erleben sich und ihr Leben wie eine unfruchtbare Wüste. Es blüht nichts auf. Alles ist leer, ausgebrannt, vertrocknet.

Sie haben keine zündenden Ideen. Sie machen ihre Arbeit, aber sie sind nicht kreativ. Von ihnen geht nichts aus, was diese Welt befruchtet. Als Alfred Delp im Jahre 1944 im Gefängnis über die Pfingstsequenz meditierte, hatte er den Eindruck, dass die damalige Zeit eine unfruchtbare Zeit war. Er meinte, es gebe ganze Generationen, denen nichts „Gescheites" mehr einfalle. Was Alfred Delp vor über 60 Jahren spürte, das gilt heute noch viel mehr. Trotz aller Erfindungen und technischer Neuentwicklungen scheint unsere Zeit die innere Fruchtbarkeit verloren zu haben. In der Politik flickt man an den Symptomen herum. Aber es fehlen die überzeugenden Ideen und die Visionen, die etwas bewegen. Unsere Zeit bedarf der Quelle des Heiligen Geistes mehr denn je.

In seiner Bildrede über den Weinstock sagt Jesus: „Wer in mir bleibt und in wem ich bleibe, der bringt reiche Frucht; denn getrennt von mir könnt ihr nichts vollbringen." (Joh 15,5) Ich erlebe viele Menschen, die sich anstrengen, aus ihrem Leben etwas zu machen. Aber trotz aller Anstrengung bleibt ihr Leben unfruchtbar. Das ist oft ein Zeichen, dass sie alles aus eigener Kraft machen möchten. Frucht bringt unser Leben nur, wenn es durchlässig ist für etwas Größeres. Im Bild des Weinstocks meint Jesus: Nur wenn wir angeschlossen sind an den Strom der göttlichen Liebe, nur wenn wir aus der Quelle göttlicher Liebe schöpfen, wird unser Leben, wird unser Tun Frucht bringen.

Die Frucht des Geistes

Dass die Quelle des Heiligen Geistes unser Leben befruchtet, zeigt uns der Apostel Paulus in den neun „Früchten" des göttlichen Geistes, die er im Galaterbrief aufzählt. Paulus versteht den Heiligen Geist als eine Quelle, aus der viele Früchte wachsen. Es sind letztlich Tugenden, die er aus der Ethik der griechischen Philosophie, vor allem der Stoa übernimmt. Man könnte diese neun Tugenden selbst als Quellen verstehen, aus denen wir schöpfen können. Sie helfen uns, unser Leben zu bewältigen. Es sind Werte, die – wenn wir sie realisieren – unser Leben wertvoll machen. Im Lateinischen heißen sie „virtutes": Kräfte, oder Kraftquellen, aus denen wir schöpfen, um gut leben zu können. Diese Tugenden bringen uns in Berührung mit dem Potential unserer Seele, das uns zur Verfügung steht, um unser Leben zu meistern. Paulus geht es darum, dass unser Leben gelingt. Und zugleich ist es ihm wichtig, dass der Heilige Geist in uns Auswirkungen hat, die man beobachten kann. An seinen Früchten können wir ihn erkennen.

„Die Frucht des Geistes aber ist Liebe, Freude, Friede, Langmut, Freundlichkeit, Güte, Treue, Sanftmut und Selbstbeherrschung." (Gal 5,22f) Paulus spricht von der Frucht des Geistes in der Einzahl, weil er an eine einzige Quelle denkt. Der Hl. Geist ist die Quelle, aus der die Frucht des Geistes im Menschen sichtbar wird. Die Frucht zeigt sich in verschiedenen Haltungen, die dem Menschen Halt geben, und in Tugenden, die der Mensch braucht, damit sein Leben taugt. Wieder geht es um eine mehrfache Beziehung: Wir können die Tugenden nicht nur als Frucht sehen, die aus der Quelle des Hl. Geistes wächst. Sie verweisen uns auch auf die innere Quelle, aus der sie aufblühen. Und sie sind für uns selbst Kraftquellen, die unser alltägliches Leben befruchten und es gelingen lassen.

Liebe ist die erste Haltung, die Paulus nennt. Agape lautet die griechische Bezeichnung dafür. Er meint damit nicht die Forderung der Liebe, sondern die Qualität der Liebe, die wir manchmal in uns spüren. Manchmal dürfen wir die Erfahrung machen, dass wir nicht nur einen Menschen lieben, sondern dass wir Liebe sind. Dann erfahren wir die Liebe wie eine Kraft, wie eine Quelle. Sie strömt in uns, ohne zu versiegen. Von ihr sagt Paulus: „Die Liebe hört niemals auf." (1 Kor 13,8) Der Evangelist Johannes hat diese Liebe, die in uns strömt, in verschiedenen Bildern beschrieben. Da ist einmal das Bild der Hochzeit von Kana. Wenn Gott mit uns eins wird, dann wird unser Wasser zu Wein, dann bekommt unser Leben einen neuen Geschmack, den Geschmack der Liebe. Im Bild vom Weinstock beschreibt Johannes, wie wir mit diesem Weinstock verbunden, ja an ihn angeschlossen sind. Der Weinstock steht für die Quelle der Liebe. Wein hat auf der symbolischen Ebene immer mit Liebe zu tun. Wenn wir die Liebe in uns als Quelle erfahren, dann strömt sie aus uns zu allem, was ist: zu der Natur, die uns umgibt, zu den Menschen und sogar zu den Gegenständen in unserem Zimmer. Wir müssen uns dann nicht zur Liebe zwingen, sondern sie ist einfach da. Sie gibt unserem Tun einen anderen Geschmack. Es fällt uns dann nicht schwer, bei den Menschen zu sein. Denn die Liebe, die in uns strömt, lässt uns auch die Liebe spüren, die uns von den Menschen entgegen kommt.

Es ist eine Erfahrung, die man vor allem bei sozialen Berufen immer wieder machen kann: Ob jemand erschöpft ist oder nicht, das hängt auch davon ab, ob er die Menschen mag oder nicht. Wenn sich einer schwer tut, auf Menschen zuzugehen, dann wird er jede Begegnung als Arbeit und Last erleben. Wenn einer aber die Menschen liebt, dann wird er gerne bei ihnen sein und er wird mit neuer Kraft von den Menschen weggehen. Es geht nicht darum, einen moralischen Zeigefinger zu erheben und zu sagen, Menschen in helfenden Berufen müssten sich anstrengen, die Menschen zu lieben. Eine Anstrengung der Liebe erschöpft nicht nur schneller, sie wirkt meistens auch „gewollt" und kommt beim andern nicht an. Wenn wir aber vertrauen, dass in uns eine Quelle der Liebe ist, dann werden wir gerne bei den Menschen sein. Wir müssen gar nichts tun. Wir lassen die Liebe einfach strömen und bekommen dann auch viel Liebe wieder zurück. Es strömt hin und her. Diese Liebe versteht Paulus als Quelle des Heiligen Geistes. Sie hat natürlich ihre Grundlage in der Erfahrung der Liebe durch die Eltern und Freunde. Aber sie ist mehr als eine natürliche Quelle, sie ist letztlich Geschenk des Geistes: unerschöpflich, weil sie aus Gott selber strömt.

Freude ist die zweite Haltung, die zweite Quelle, aus der wir in unserem Miteinander schöpfen. Jeder weiß, dass er mehr und besser arbeiten kann, wenn ihm das, was er tut, auch Freude macht. Woher aber kommt die Freude? Warum macht mir diese Arbeit Freude und jene nicht? Hängt das von äußeren Umständen ab? Oder von meiner inneren Haltung, meiner Einstellung? Sicher gibt es Tätigkeiten, die uns mehr liegen als andere. Vielleicht haben wir sie schon als Kind immer gerne getan. Möglicherweise erinnern sie uns an etwas, was uns damals mit Freude erfüllt hat. Andere Arbeiten rufen in uns dagegen Widerstand hervor. Vielleicht erinnern sie uns daran, dass wir sie als Kind machen mussten, obwohl wir lieber spielen wollten. Oder wir spürten bei diesen Arbeiten, dass auch die Eltern sie nicht gerne taten. Allerdings sind wir nicht einfach nur den Gefühlen ausgeliefert, die wir als Kind hatten. Wir können bei allem, was wir tun, mit der

Freude in Berührung kommen, die auf dem Grund unseres Herzens immer bereit liegt. Jeder hat als Kind in irgendeiner Hinsicht Freude verspürt, sei es beim Spielen, beim Festefeiern, beim Spazierengehen oder auch bei Arbeiten, die wir mit dem Vater oder der Mutter gemeinsam verrichteten.

Mit der Freude kommen wir nicht nur in Berührung, indem wir uns an die vergangenen Erfahrungen erinnern. Sie ist jetzt in uns. Und es kommt darauf an, an diese innere Quelle zu glauben und sie ins Bewusstsein zu heben. Oft sind wir von dieser Quelle abgeschnitten. Es haben sich Schatten auf sie gelegt, die sie verdunkeln. Wenn wir aber tief genug in uns hinein horchen, dann entdecken wir unterhalb unserer Trauer und unseres Ärgers diese Quelle der Freude. Wenn wir aus ihr schöpfen, dann freuen wir uns an unserem Leben, an den Mitmenschen, an unserer Arbeit, an allem, was auf uns zukommt. Wir sehen in dem, was uns widerfährt, nicht etwas Bedrohliches, sondern etwas, was uns Gott schenkt, was er uns zutraut oder – oft genug – auch zumutet. Solche Freude kommt aus dem Herzen und fließt in das äußere Tun ein. Und dann gelingt das Tun auch anders.

Für Paulus ist Freude – ähnlich wie die Liebe – eine eigene Macht. In ihr drückt sich der Hl. Geist in uns aus. Er kann von ihr absolut als von einer Quelle sprechen, die einfach in uns sprudelt. Aber manchmal gibt er auch konkrete Gründe für sie an: Es ist die tiefe innere Freude am Herrn, an seiner Nähe, an den Gaben, die er uns schenkt. Sie zeigt sich gerade darin, dass wir sie auch in Betrübnis und Anfechtung spüren können. Die Freude ist in uns, auch wenn wir uns schwach fühlen, und sogar, wenn wir unter der Bosheit der Menschen zu leiden haben. Natürlich hängt es auch vom Charakter eines Menschen ab, wie er sich freut. Es gibt Menschen, die von ihrer Veranlagung oder von ihrer Erziehung her einfach fröhlicher sind. Und es gibt Menschen, die einen eher melancholischen Charakter haben und zur Depression neigen. Das kann körperlich oder seelisch bedingt sein. Sie können sich gegen diese Veranlagung nicht wehren, sie haben sie einfach. Von ihnen kann man nicht im gleichen Maß erwarten, dass sie aus der Quelle der Freude schöpfen. Trotzdem vertraut Paulus darauf, dass der Hl. Geist in jedem Menschen diese Quelle der Freude schafft, auch im depressiven und verzweifelten Menschen. Wir müssen uns dann unter den Gefühlen von Traurigkeit und Angst an die oft von vielerlei Geröll verschüttete Freude herantasten, die auf dem Grund unserer Seele bereit liegt – unzerstörbar. Die Kirchenväter sprechen davon, dass sie selbst dann noch in uns ist, wenn wir verfolgt werden, wenn wir krank sind, wenn wir in den Tod gehen.

Friede ist die dritte Quelle des Geistes, aus der wir für unser Miteinander schöpfen können. Der Friede ist eine Gabe von Gott. Das hebräische Wort für Friede (shalom) beschreibt nach Auskunft der Exegeten den „Inbegriff des Heils und Glücks" und „Wohlergehen und Lebensfülle" des Menschen. Das Neue Testament sagt von Jesus: „Er ist unser Friede." (Eph 2,14) Offensichtlich haben die frühen Christen nicht nur die Friedensbotschaft Jesu gehört, sondern ihn selbst als einen Menschen erfahren, der mit sich im Frieden ist und von dem daher Frieden ausgeht in die Welt.

Menschen, die mit sich im Frieden sind, werden das, was zu tun ist, ruhig und gelassen tun. Wer dagegen mit sich selbst im Streit liegt, für den ist vieles, was er anpackt, anstrengend. Er wird behindert von den inneren Blockaden und Widerständen. Erschöpfung hat oft ihren Grund in solchen inneren Widerständen und in der inneren Zerrissenheit.

Eine Frau, die viel arbeiten wollte, konnte doch nur mit großer Anstrengung einigermaßen mit den andern mithalten. In Gesprächen wurde klar, was sie so viel Kraft gekostet hatte. Sie war mit sich nicht im Einklang. Sie überlegte bei allem, was sie tat: Was werden wohl die anderen von mir denken? Dabei ging es ihr weniger um die Anerkennung oder um die Frage, ob das, was sie leistete, auch gut genug war. Vielmehr überlegte sie schon beim Arbeiten, ob die andern wohl ihre innersten Gedanken erkennen würden, dass sie z. B. ihre sexuellen Phantasien an ihrem Gesicht ablesen könnten. Solche Zwangsgedanken, die aus ihrer inneren Zerrissenheit kamen, hatten sie blockiert und verkrampft.

Wer mit sich im Einklang ist, der kann sich auf die Arbeit einlassen. Alles, was wir verdrängt haben, womit wir keinen Frieden in uns geschlossen haben, das hindert uns bei der Arbeit und am Leben. Und es kostet uns sehr viel innere Kraft. In Gesprächen mit ausgebrannten Menschen wird mir meist sehr schnell deutlich, dass ihre Erschöpfung nicht in der Menge der Arbeit oder in der Art der Arbeit liegen kann, auch nicht an den Erwartungen, die von außen auf sie einströmen, nicht einmal an den äußeren Umständen ihres Lebens. Meist ist es der Unfrieden, den sie in sich spüren. Sie wehren sich letzlich gegen das Leben, so wie es ihnen Gott zumutet. Sie hängen lieber ihren Illusionen nach, und leben in der Phantasie, wie ihr Leben sein sollte. Genau dieser Zwiespalt zwischen ihren Illusionen und ihrer Realität raubt ihnen dann jede Energie.

Friede ist für Paulus eine Frucht des Geistes. Aber das heißt nicht, dass er uns einfach von oben zufällt. Wir müssen auch das Geschenk des Friedens annehmen, indem wir uns aussöhnen mit uns selbst, indem wir Frieden schließen mit den

Schattenseiten, die uns nicht so angenehm sind. Frieden schließen – pacisci – heißt eigentlich: Ein Gespräch führen, verhandeln. Wir müssen mit den Gedanken und Gefühlen sprechen, die in uns auftauchen. Wir müssen uns mit ihnen auseinandersetzen und sie fragen, was sie möchten. Und wir müssen dann sehen, wie wir sie berücksichtigen können. Alles, was in uns auftaucht, hat eine gewisse Berechtigung. Wir dürfen es nicht einfach abwürgen. Was wir gewaltsam zum Verstummen bringen, das gärt in uns weiter und wird zur inneren Blockade, die uns viel Kraft kostet. Erst wenn wir Frieden damit schließen, wird uns diese Dimension unserer Seele zum Leben führen. Dann werden uns auch unsere Schattenseiten nicht mehr von der inneren Quelle abschneiden, sondern uns gerade auf sie verweisen.

Langmut oder Großmut, wie man das griechische Wort „makrothymia" übersetzen kann, ist ebenfalls eine Äußerung der Quelle des Geistes. Gott, so sagt die Bibel, ist ein Gott der Langmut. Er hat einen langen Atem. Er hat Geduld mit uns und verzeiht uns großmütig unsere Schuld. Doch von der Großmut Gottes sollten auch wir lernen und einander langmütig und großmütig begegnen, anstatt uns Schuld gegenseitig vorzurechnen. Großmut drückt sich aus in der Geduld, die wir mit uns selbst und mit andern Menschen haben. Das Bild, das in diesem Wort zum Ausdruck kommt, ist „ein großes Gemüt", ein weites Herz, ein großer weiter innerer Raum in uns. Auch hier gilt: Es gibt Menschen, die von ihrer Veranlagung her großmütig sind, während andere eher eng und kleinmütig sind. Doch wie auch immer unsere Veranlagung sein mag – es ist unsere Aufgabe, mit der Quelle der Großmut in Berührung zu kommen, die der Heilige Geist auch in uns wirksam lässt. Wer mit dieser Großmut ausgestattet ist oder wer sie sich durch Milde sich selbst gegenüber erworben hat, der wird mit weniger Energieaufwand in die täglichen Auseinandersetzungen hinein gehen. Man kann es mit einem engen und weiten Topf vergleichen. Wenn ich in einem engen Topf Milch erhitze, kocht sie schnell über. In einem weiten Topf kann sie sich verlaufen. Menschen mit einem engen Herzen regen sich über alles auf, können andere, anderes Denken und anderes Verhalten nicht ertragen. Wenn sie in die Arbeit kommen, ärgern sie sich, dass die Kollegin heute ein bestimmtes Kleid anhat. Oder sie stoßen sich an dem, was die Nachbarin erzählt oder wie sie denkt. Sie ärgern sich, dass die Blumenvase nicht genau dort steht, wo sie sie hingestellt haben. Sie regen sich über alles und jedes auf und jammern, wie schlimm das Leben sei. Das enge Herz raubt ihnen viel Energie. Sie kochen bei allem, was ihrem engen Horizont widerspricht, sofort über und verlieren so viel von ihrer inneren Kraft. Mit einem weiten Herzen kann ich energiesparender durch die Welt gehen. In einem weiten Herzen hat vieles Platz. Es kann großmütig und gelassen und langmütig sein.

Cassian, der bedeutendste Mönchsschriftsteller im Westen spricht davon, dass die Langmut den Geist ausdehnt und in ihm eine heilsame Zufluchtsstätte schafft, in die sich der Geist von den alltäglichen Konflikten zurückziehen kann. So wünscht er seinen Lesern: „So möge euer Geist, ausgedehnt durch die Weite der Langmut und Geduld, heilsame Zufluchtsstätten der Überlegung in sich haben, in welchen der hässliche Rauch des Zornes, sobald er gewissermaßen in sie aufgenommen und zerstreut ist, sogleich verschwindet." (Coll 16,27, S. 165) Es ist ein schönes Bild: Die Großmut macht aus unserem Herzen eine Zufluchtsstätte, in der wir

Frieden finden, während der Zorn sich dort nicht einnisten kann. Denn der Zorn braucht immer die Enge. In der Weite löst er sich auf. Das weite Herz ist eine Zufluchtsstätte der Überlegung und der Überlegtheit. Der Geist braucht immer Weite, um etwas zu bedenken und zu meditieren. In der Enge kreist er immer nur um die gleichen Gedanken. Nur ein weiter Horizont lässt uns Neues sehen, und diese Offenheit macht den Geist frei.

Die Frage ist nun: Wie gelange ich zu dieser Großmut? Wie kann ich sie als Quelle innerer Kraft nutzen? Für den hl. Benedikt geht der Weg dazu über eine ehrliche Selbstbegegnung und Selbsterkenntnis. Nicht verbissene Selbsterforschung ist gemeint. Selbsterkenntnis muss mit einem milden Blick auf die eigene Wirklichkeit gepaart sein. Nur wenn ich mich verabschiede von der Illusion, ich könnte so perfekt werden, wie ich mir das vielleicht einmal vorgestellt habe, wächst in mir langsam diese Langmut und Großmut, auch mir selbst gegenüber. Allmählich werde ich dann auch langmütiger den Menschen in meiner Umgebung gegenüber werden. Wenn ich meinen eigenen Weg betrachte, so habe ich erlebt, dass es mir am Anfang schwer fiel, meine Fehler und Schwächen zu akzeptieren. Ich bin mit großem Ehrgeiz ins Kloster eingetreten. Ich wollte meine Fehler unbedingt bekämpfen, ja ich wollte sie ausradieren. Und anfangs habe ich tatsächlich sehr viel Energie bei diesem Kampf verschwendet, immer wieder. Wenn ich versagte, habe ich mich selbst beschuldigt und mich abgelehnt. Ich habe die Zähne zusammen gebissen und weiter gekämpft. Aber ich war nicht sehr erfolgreich. Und es hat mir Energie abgezogen. Und ich merkte erst später, wie sehr ich bei diesem Kampf um mich selbst gekreist war. Da konnte nicht mehr viel Energie für die Arbeit übrig

97

bleiben, die ich nach außen tun sollte. Erst nachdem ich mich von meinem eigenen fixen Idealbild verabschiedet hatte, ist es mir gelungen, weitherziger zu werden. Und die Konsequenz: Sowohl der geistliche Weg als auch die Arbeit im weltlichen Bereich waren bei weitem nicht mehr so anstrengend wie vorher. Ich war meine Fixierung los, und die Großmut war wie eine Quelle, die mich von meinen engen Mustern befreite, in die ich mich gezwängt hatte. Und sie hat mich zudem für meine Umgebung erträglicher gemacht, weil ich mich jetzt auch nicht mehr ständig über Mitbrüder aufregen musste, die meinen Idealvorstellungen von einem Mönch nicht entsprachen. Aus einem weiten Herzen kann mehr nach außen strömen als aus einem engen. Daher ist es für mich nicht nur eine Frage der Psychohygiene und des guten Sozialklimas, sondern eine beständige spirituelle Aufgabe, sein eigenes Herz zu weiten. Das verlangt Wachsamkeit und Sensibilität für die verengenden Tendenzen, die ich auch in mir kenne. Sobald meine Überlegungen eng werden, versuche ich, in mich hinein zu hören und mir die Weite Jesu vorzustellen. Dann wird auch mein Herz weiter. Und die engherzigen Gedanken verfliegen.

Güte, griechisch chrestotes, ist die nächste Tugend. Das griechische Wort meint ursprünglich Redlichkeit und Tüchtigkeit. Doch zugleich kann es auch Güte, Freundlichkeit und Milde bedeuten. Diese Haltung wird in der Tradition oft dem Herrscher zugeschrieben. Er wird gelobt, wenn er milde und menschenfreundlich ist. Manchmal werfen stoische Philosophen Menschen, die diese Haltung verwirklichen, zuviel Nachgiebigkeit vor. Das deutsche Wort Milde kommt von mahlen. Der milde Mensch ist zermahlen und zerrieben worden in der Mühle des Lebens. Er hat schmerzliche Erfahrungen gemacht. Sie haben ihn milde gestimmt. Doch die Zartheit, Weichheit und Milde ist im griechischen Wort „chrestotes" immer schon verbunden mit Tüchtigkeit und Tapferkeit. Der milde Mensch hat sich tapfer den Konflikten seines Lebens gestellt und sich davon aufbrechen lassen für die Haltung der Güte und Milde. Er zerfließt nicht in Milde, sondern er ist tüchtig. Er meistert aus der Haltung der Güte heraus sein Leben. Seine Güte ist eine Kraft, die Gutes schafft, auch gegenüber dem Widerstand negative Kräfte.

Gutsein ist die Haltung, die Paulus der Güte zur Seite stellt: die agathosyne. Sie bedeutet letztlich etwas Ähnliches. Das Wort meint den Menschen, der auf das Gute sinnt, der Gutes im Sinne hat, der gut vom andern denkt. Während chrestotes also mehr die Fähigkeit meint, milde und gut zu sein und zugleich das Gute zu schaffen, so bezeichnet agathosyne mehr den Menschen, der auf das Gute aus ist, der rechtschaffen lebt und in seiner Gesinnung gut ist. Beide Haltungen sind für uns Quellen, aus denen wir schöpfen können. Wer mit Milde und Güte auf sich und auf andere sieht, der lässt sich nicht von ihren Fehlern blockieren. Er setzt auf das Gute und glaubt daran, auch wenn er immer wieder enttäuscht wird. Und dieser Glaube an das Gute in jedem lockt letztlich auch das Gute im Menschen hervor. Er schafft das Gute, weil er das Gute in jedem Menschen erkennt.

Die Treue folgt in der Aufzählung der Früchte des Geistes bei Paulus der Güte und dem Gutsein: die pistis. Pistis kann neben Treue aber auch Glaube und Vertrauen bedeuten. Hier geht es nicht um den Glauben an Gott, sondern um das Zutrauen und Vertrauen, das mich bei allem, was ich tue, bestimmt: eben die Tugend der Treue, der Verlässlichkeit. Das deutsche Wort Treue kommt von Standfestigkeit. Wer aus der Tugend der Treue heraus handelt, der hat einen festen Stand. Und von diesem festen Stand aus wird ihn sein Tun nicht soviel Energie kosten wie einen, der sich ständig überlegt, was er tun soll und für wen er sich einsetzen soll. Der Standfeste hat es nicht nötig, um seinen Standpunkt immer wieder neu zu kämpfen oder ihn zu verteidigen. Er steht in sich. Er steht in seiner Mitte und vermag von ihr heraus zu handeln. Treue hat aber auch mit Bindung zu tun. Sie bindet mich an die Menschen, für die ich arbeite, und an meine Aufgabe, die ich treu erfülle. Treue gibt allem, was ich tue, etwas Selbstverständliches und Klares. Ich muss mich nicht immer neu entscheiden. Ich stehe zu mir und zu den Menschen, für die ich da bin. Und ich stehe zu der Aufgabe, in die mich Gott gestellt hat. Wer in Treue zu den Menschen und zu seiner Aufgabe steht, der spart viel Energie, die andere damit vergeuden, sich immer wieder neu überlegen zu müssen, ob sie nicht etwas anderes tun sollten. Treue bindet, aber sie befreit auch – und gibt der Seele dadurch neue Kraft.

Vertrauen ist, ähnlich wie die Treue, eine wichtige Quelle, aus der wir Kraft schöpfen. Wer ständig misstrauisch ist, der verbraucht viel Energie, um immer alles zu kontrollieren. Schon der hl. Benedikt fordert vom Abt, dass er nicht misstrauisch sein soll, weil er sonst nie zur Ruhe komme. Der misstrauische Mensch zerbricht sich den Kopf, was die andern wohl im Schilde führen und gegen ihn aushecken. Er verbraucht viel Energie, um sich gegen vermeintliche Absichten seiner Mitmenschen zu wehren. Er kämpft ständig gegen seine eigenen negativen Phantasiegebilde an, anstatt sich dem Leben zu überlassen. Es ist eine Erfahrungstatsache: Wer meint, alles kontrollieren zu müssen, dem gerät das Leben todsicher außer Kontrolle. Vielleicht glaubt er, seine Gefühle unter Kontrolle zu haben. Doch gerade im unpassenden Moment verliert er seine Fassung und zeigt, wie viel emotionaler Unrat hinter seiner kontrollierten Fassade steckt. Wer die Firma kontrollieren möchte, weckt soviel Gegenkräfte, dass er ständig damit zu tun hat, sie zu bändigen. Da wird ihm die Buchhaltung Informationen vorenthalten oder die Mitarbeiter werden sich in Bereiche zurückziehen, in die niemand hineinsehen kann. Wer aus der Quelle des Vertrauens schöpft, braucht weniger Energie, eine Firma zu führen. Und er wird auch in seiner alltäglichen Arbeit gelassener und ruhiger wirken können. Und vor allem spart ihm das Vertrauen viel Energie im Zusammenleben, auch im privaten Bereich und in der Familie. Er wird nicht misstrauisch auf seine Ehepartnerin oder auf die Kinder schauen. Er verzichtet darauf, alles kontrollieren zu wollen. Er sagt innerlich ja und ist dankbar für seine Familie und seine Freunde, ohne sich ständig den Kopf zu zerbrechen, ob sie es auch ehrlich meinen.

Die Sanftmut, die praytes, nennt Paulus als nächste Quelle. Der Exeget Heinrich Schlier beschreibt diese Haltung als „das milde, nicht zornige und streitsüchtige, sondern gelinde und friedliche Verhalten gegen den Nächsten". Im profanen Griechisch steht der milde und sanftmütige Mensch im Gegensatz zu rauen und harten Charakteren. Der stoische Philosoph Epiktet sieht in der Sanftmut eine stille und freundliche Gelassenheit, „die sich nicht erbittert oder erbost gegenüber Unerfreulichem, seien es Menschen oder Geschicke." Er meint dabei aber kein passives Hinnehmen, sondern eine überlegene Gelassenheit, die auf innere Weisheit schließen lässt. Sie zeichnet gerade den Edelgesinnten und Gebildeten aus (so Platon). Die Philosophen nennen die Sanftmut einen Schmuck der Seele, vor allem bei Herrschern, aber auch bei Frauen. Wir sollten sie aber weder vom Geschlecht noch vom sozialen Status her eingrenzen.

Der frühe Mönchspsychologe Evagrius Ponticus hat die Sanftmut als Kennzeichen des wahrhaft spirituellen Mönches beschrieben. Er sieht die Sanftmut vor allem bei Jesus und in der Person des Mose verwirklicht. So schreibt er in einem Brief: Die Schrift „preist allein dies, dass Mose sanftmütiger war als alle Menschen ... Lasst auch uns jene Sanftmut dessen erwerben, der sprach: Lernet von mir, denn ich bin sanftmütig und demütig von Herzen, auf dass er uns seine Wege lehre und im Himmelreich erquicke." (Brief 56) Wer die Sanftmut lernt, von dem sagt Evagrius, dass Christus ihn im Himmelreich erquicke. Das heißt wohl: Der Sanftmütige wird von einer inneren Quelle erfrischt. Und diese Quelle sprudelt dort, wo Gott in ihm herrscht, wo er frei geworden ist von dem Einfluss seiner eigenen negativen Emotionen und den Gedanken anderer Menschen.

Man täusche sich übrigens nicht: Wer meint, von sanftmütigen Menschen gehe keine Kraft aus, sondern nur Schwäche und Ängstlichkeit, der irrt. In Wirklichkeit ist es anders: Der sanftmütige Mensch regt sich nicht über jeden auf, der etwas gegen ihn sagt. Er reagiert nicht empfindlich auf Kritik. Er macht sich nicht klein, wenn jemand bei ihm etwas auszusetzen hat. Vielmehr kann er Kritik anschauen, ohne sich persönlich angegriffen zu fühlen. Das deutsche Wort „sanft" kommt von „sammeln". Es bezeichnet einen Menschen, der mit anderen Menschen friedlich zusammen lebt, der aber vor allem im Frieden ist mit sich selbst. Er hat sich innerlich so geordnet, dass alles in ihm gut zusammen „passt". Wer diesen „stimmigen" Zustand erreicht hat, der verbraucht weniger Reibungsenergie. Der sanfte Mensch kann durchaus konsequent ein Ziel verfolgen. Denn Sanftmut meint den Mut, aus der inneren Sammlung heraus, in Gelassenheit und Sanftheit das zu tun, was man als angemessen erkannt hat. Der Sanftmütige wird jedoch nie etwas mit Gewalt durchsetzen und nicht über Leichen gehen. Seine Art der Konsequenz wird auf Dauer effektiver sein als gewaltsame Hau-Ruck-Aktionen.

Selbstbeherrschung ist die nächste Quelle des Heiligen Geistes in der Auflistung des Paulus. Das Bedeutungsfeld von enkrateia beschreibt die Haltung der Enthaltsamkeit, der Selbstbeherrschung und Zucht. Diese Haltung ist eine Gabe, aber zugleich eine Aufgabe. Paulus schildert am Beispiel des Sportlers, dass man sich immer wieder auch trainieren muss. Enthaltsamkeit ist ein wesentlicher Begriff der griechischen Philosophie. Enkrates ist ein Mensch, der die Herrschaft und die Macht über etwas und vor allem über sich selbst hat. Vor allem die stoische Philosophie schätzte das Idealbild des freien, auf sich selbst gestellten Menschen, der von nichts beherrscht wird, sondern über alles in Freiheit herrscht. Er ist auch frei gegenüber seinen eigenen Trieben und Bedürfnissen. Paulus weist darauf hin, dass der geisterfüllte Mensch diese innere Freiheit von Gott geschenkt bekommt. Er muss seine Bedürfnisse und Triebe nicht bekämpfen. Er ist ihnen gegenüber frei, weil er sich vom Geist leiten lässt.

Wir sprechen manchmal – etwas altertümlich – auch von Zucht, wenn wir Selbstbeherrschung meinen. „Zucht" kommt von „ziehen". Diese Haltung verwirklicht der, der sich selbst führt, der sich dorthin zieht, wo er möchte, im Gegensatz zu einem Menschen, der von andern gezogen wird, der hin- und hergezogen wird, ohne sich wehren zu können. Selbstbeherrschung und Zucht sind eine Quelle von Kraft. Wer aus ihr schöpft, dem gelingt das Leben leichter. Er muss nicht immer wieder gegen seine Bedürfnisse oder gegen seine Launen und Schwächen ankämpfen. Er ist frei, sich dem zu widmen, was von außen her auf ihn zukommt und ihn herausfordert.

Weder für die stoische Philosophie noch für Paulus hat die Selbstbeherrschung etwas Verkrampftes an sich. Nicht der Mensch, der seine Zähne zusammenbeißt und alles unterdrückt, was in ihm an Emotionen und Leidenschaften auftaucht, ist das Ideal, sondern der in sich freie Mensch, der eine innere Distanz hat zu seinen Trieben. Es geht nicht um Unterdrückung. Denn Unterdrückung fixiert mich nur auf das, was ich gewaltsam bekämpfe. Vielmehr geht es darum, sich selbst in der Hand zu haben, sein Leben selbst zu formen, anstatt es von Bedürfnissen bestimmen zu lassen. Das gelingt aber nur, wenn ich meine Leidenschaften und Triebe anschaue und in Freiheit mit ihnen umgehe. Wer sich von seinen Leidenschaften beherrschen lässt, der verliert seine innere Kraft. Er lebt nicht aus der Kraft, die Gott ihm geschenkt hat. Er ist nicht „in der Kraft = en krateia", sondern in der Macht fremder Kräfte, die ihm die eigene Kraft rauben. Wer seiner selbst mächtig ist, der hat auch die Macht, die Dinge um sich herum so zu gestalten, wie er es möchte.

Tugenden und Werte

Wir haben schon darauf hingewiesen: Letztlich sind alle Tugenden Quellen, aus denen wir Kraft schöpfen können. Die Lateiner sahen in den Tugenden nicht in erster Linie Forderungen, die der Mensch zu erfüllen hat, sondern Gaben Gottes, die der einzelne aber für sich zu verwirklichen hat. Man könnte auch sagen: Die Tugenden sind für die Römer Kraftquellen, aus denen sich unser Leben speist.

Oft nennen wir die Tugenden auch Werte. Werte machen unser Leben wertvoll. Sie vermitteln uns unsere wahre Würde. Das englische Wort für Werte „values" kommt vom Lateinischen „valere". Valere heißt: gesund sein, sich wohl fühlen, gelten, kräftig sein. Die Werte sind also Quellen, aus denen wir unsere Gesundheit schöpfen, aber auch Quellen, die uns Kraft verleihen, damit wir unser Leben zu bewältigen vermögen. Wenn wir die Tugenden und Werte als Quellen unserer Kraft verstehen, dann verlieren sie den moralisierenden Beigeschmack, den ihnen vergangene Jahrhunderte oft mitgegeben haben. Sie werden zu etwas Wertvollem, was uns kräftigt, damit wir unser Leben bestehen. Und sie werden zu Quellen, aus denen wir Wohlempfinden und Gesundheit schöpfen.

Älter als die neun Früchte des Geistes, die Paulus im Galaterbrief aufzählt, sind die 4 Kardinaltugenden, die die griechischen Philosophen Platon und Aristoteles beschrieben haben. Es sind dies: Gerechtigkeit, Tapferkeit, Maß und Klugheit. Sie gelten für die Griechen als Inbegriff wahrer Menschlichkeit. Der Mensch soll auf seinem Weg der Selbstwerdung diese vier grundlegenden Tugenden verwirklichen. Zugleich sind die Tugenden aber auch Kräfte, die uns zur Verfügung stehen, damit unser Leben gelingt. Man nennt sie seit Aristoteles Kardinaltugenden. „Cardo" meint die Türangel. Sie ist die Voraussetzung, dass wir eine Tür öffnen und schließen können. Von den Kardinaltugenden hängt es ab, ob wir Zugang zu unserem inneren Potential bekommen und ob unsere Kräfte auch nach außen fließen und wirken können. Thomas von Aquin hat diese vier Tugenden übernommen und in sein christliches Weltbild eingebaut. Sie sind schon für die griechische Philosophie der Weg, den Reichtum der Seele zu entfalten und den Menschen zu seinem wahren Selbst zu führen. Man könnte sie auch als Quellen verstehen, aus denen man schöpfen muss, damit das Leben gelingt.

Die Gerechtigkeit hat nach Platon der Mensch erworben, der das rechte Gleichgewicht zwischen den drei Seelenteilen (nous = Geist, thymos = Gemüt, epithymia = begehrlicher Bereich) hergestellt hat. Für Platon ist Gerechtigkeit zuerst eine Eigenschaft der Seele. Der Mensch ist gerecht, der seinem Wesen gerecht wird, der allem, was in ihm ist, das richtige Augenmerk widmet. Aristoteles, der Schüler Platons, sieht Gerechtigkeit als soziale Tugend. Gerecht ist der Mensch, der unparteiisch zwischen zwei rivalisierenden Gruppen vermittelt, der ohne die eigenen Bedürfnisse hinein zu mischen, richtig urteilt und jedem das Rechte zuteilt. Ein wichtiger Grundsatz des römischen Verständnisses von Gerechtigkeit ist das „suum cuique = jedem das Seine". Gerecht ist, wer den anderen als anderen gelten lässt, ihn in seinem Anderssein bestätigt und ihm zu dem verhilft, was ihm zusteht. Im Mittelalter hat man die Gerechtigkeit immer als eine Frau dargestellt, die eine Waage hält. Sie hat ein Schwert im Arm und eine Binde um die Augen. Sie lässt sich nicht blenden, sondern trifft ihre Entscheidungen ohne Ansehen der Person. Sie wird sowohl der Sache als auch dem Menschen in seiner Eigenheit gerecht.

Der gerechte Mensch schafft um sich Klarheit. Er hat es nicht nötig, zu taktieren und sich durch die verschiedensten Meinungen durch zu lavieren. Diese innere Klarheit spart Energie. Wir erleben gerechte Menschen als Segen für eine

Gemeinschaft. Sie haben einen Sinn für das Richtige. Sie sind unabhängig und frei. Sie strahlen etwas aus, das uns gut tut. Wir können uns an ihnen orientieren. Der gerechte Mensch wird den Menschen und der Wirklichkeit gerecht. Er lebt der Wirklichkeit entsprechend. Er verbraucht seine Energie nicht damit, gegen die Realität anzukämpfen. Er ordnet alles so, wie es „stimmt" und stimmig ist. Wer jedem das Seine zuteilt, ist frei von den Intrigenkämpfen, die in vielen Gruppen und Staaten soviel Energie verschlingen. Wer sich der Tugend der Gerechtigkeit verschreibt, der erlebt sie als klare Richtschnur für sein Handeln und als klare Quelle, die sein Tun befruchtet.

Die Tapferkeit ist ursprünglich die Tugend der Soldaten. Doch die griechischen Philosophen haben diese Tugend auch für sich beansprucht. Tapfer ist der Mensch, der zu sich steht und das, was er als richtig erkannt hat, konsequent verfolgt. Der Tapfere lässt sich von Konflikten nicht umstimmen. Er kämpft für das, was ihm als richtig erscheint. Das deutsche Wort „tapfer" hat verschiedene Bedeutungen: fest, schwer, gewichtig, streitbar, kühn, herzhaft. Der Tapfere lässt sich nicht so leicht umwerfen. Er hat einen festen Stand und zeigt Stehvermögen. Er bringt sich ein in die Auseinandersetzungen mit anderen. Er wirft sein Gewicht in die Waage. Der Tapfere ist bereit zu streiten, aber er ist kein „Streithammel". Er streitet, damit sich etwas klärt. Er kämpft für das Leben. Der Tapfere ist kühn. Kühn kommt eigentlich von „wissen, weise". Der Tapfere kämpft nicht einfach drauflos. Er macht sich erst wissend und weise, bevor er bereit ist, für etwas zu streiten. Und er ist herzhaft. Er kämpft mit seinem Herzen. Er lässt sich nicht von abstrakten Prinzipien leiten, sondern von seinem lebendigen und warmen Herzen.

Tapferkeit zeigt sich auch in der Geduld, mit der man Schmerz und Leid erträgt. Tapferkeit hat, wie gesagt, mit Standhalten zu tun. Man weicht dem Leben mit seinen Anforderungen nicht aus. Man weicht dem nicht aus, was einem selber widerfährt. Für den hl. Benedikt war das insbesondere eine wichtige Tugend des Mönches: Der Mönch flieht nicht vor der Auseinandersetzung mit den Dämonen, mit den Leidenschaften und Emotionen, die ihn überfallen. Er bleibt bei sich und hält stand. Thomas von Aquin nennt die Geduld eine wichtige Gefährtin der Tapferkeit. Sie besteht – in der Formulierung Josef Piepers – darin, „sich durch die Verwundungen, die aus der Verwirklichung des Guten erwachsen, nicht die Heiterkeit und Klarsichtigkeit der Seele rauben lassen". Und für Hildegard von Bingen ist die Geduld „die Säule, die von nichts erweicht wird".

Die Beschreibung der Tapferkeit durch Thomas von Aquin und Josef Pieper, der die scholastische Philosophie in unsere Zeit übersetzt, lässt uns erahnen, dass auch diese Tugend eine wichtige Quelle ist, aus der wir schöpfen können. Die Frage ist, ob uns diese Quelle einfach gegeben ist oder ob wir sie erwerben können. Auch die Griechen sehen in der Tugend immer beides: eine Kraftquelle, die uns Gott geschenkt hat, und eine Haltung, in die wir hineinwachsen müssen, indem wir an uns arbeiten und uns in die Gestalt hinein bilden, die Gott uns zugedacht hat. Wenn wir uns um die Tugend der Tapferkeit mühen, dann wird sie uns Kraft verleihen, unser Leben zu bestehen. Wir werden nicht vor jeder Auseinandersetzung davonlaufen. Wir werden nicht jeden Konflikt als Zumutung erleben, der uns alle Kraft raubt. Vielmehr spornt uns die Tapferkeit an, uns den Konflikten zu stellen und an ihnen zu wachsen.

Die Tugend des rechten Maßes ist die dritte Kardinaltugend. Sie verlangt zuerst, dass ich mein Maß erkenne. Erst dann vermag ich, meinem Maß entsprechend zu leben. Jeder Mensch hat seine Veranlagung, sein je eigenes Potential an Kräften und Fähigkeiten. Das eigene Maß zu erkennen, heißt auszuloten, was ich zu leisten vermag und was in mir an Möglichkeiten steckt. Wer gegen sein Maß lebt, wird krank. Der Maßlose überfordert sich selbst und lebt letztlich an sich vorbei. Im Griechischen heißt diese Tugend „sophrosyne = ordnende Verständigkeit". Die Lateiner sprechen von „temperantia". „Temperare" heißt: richtig ordnen, zusammenfügen, zügeln, schonen. Es gehört also zu dieser Tugend die Fähigkeit, das eigene Leben so zu ordnen, wie es meinem Wesen und meinem Maß, meiner „mensura" entspricht. Das Ziel des rechten Maßes ist die Ruhe der Seele, die innere Ausgeglichenheit, der Einklang mit mir selbst. Doch das erreiche ich nur, wenn ich alles in mir richtig ordne.

Die Tugend des Maßes war im Mittelalter eine ritterliche Tugend. Sie erfordert eine hohe Disziplin. Disziplin ist die Kunst, das Leben in die Hand zu nehmen und es so zu ordnen, wie es meinem inneren Wesen entspricht. Wer sein eigenes Maß erkannt hat, der wird seine Kräfte bündeln und auf das eigene Ziel konzentrieren. Das verlangt, auf alles zu verzichten, was dieses Maß überschreitet. Das Maßvolle ist für die Griechen immer auch das Schöne. Wer sein Maß kennt, der überfordert sich nicht. Aber er unterfordert sich auch nicht. Das rechte Maß ist nicht Mittelmäßigkeit, sondern die Erkenntnis, was meinem Wesen entspricht, und die Bereitschaft, diesem Wesen gemäß zu leben. Wer seinem Maß entsprechend lebt, der wird seine innere Quelle nie ausbeuten. Er wird immer aus ihr schöpfen können. Sein Maß hat man nie ein für alle Mal gefunden. Ich muss immer wieder neu ausprobieren, was gerade jetzt mein Maß ist. Ich habe es überschritten, wenn ich verbittert werde. Ich habe es noch nicht gefunden, wenn ich innerlich erschlaffe. Das Maß hat immer auch mit gesunder Spannung zu tun. Spannung erzeugt Energie. Es braucht ein ständiges Austarieren, welche Spannung für mich stimmt. Aus Angst vor lauter Stress finden heute viele Menschen ihr Maß nicht. Die Psychologie spricht heute von „Eustress". Es gibt nicht nur die krankmachende, sondern auch die gute Spannung, die Leben und Energie in mir erzeugt. Und es gibt die Unterspannung, die den Energiestrom in mir zusammen brechen lässt. Wer in sich keine Spannung mehr wahrnimmt, für den wird das Leben selbst zur Last. Er tut nach außen gar nichts. Schon die Tatsache, dass er lebt, wird für ihn zur Anstrengung, unter der er stöhnt. Das rechte Maß zu finden heißt daher auch, die Spannung zu entdecken, die in mir Energie erzeugt. Weder Überspannung noch Unterspannung tut mir gut, sondern allein das Maß, das Gott mir zugemessen hat. Um es zu entdecken, muss ich freilich bis an die Grenzen des Maßes gehen. Sonst werde ich es immer zu klein bemessen.

Klugheit, die vierte Kardinaltugend, ist die Fähigkeit, herauszufinden, was hier und jetzt für mich und für die anderen angemessen und zuträglich ist. Die Klugheit setzt nach Thomas von Aquin immer die Erkenntnis des Guten voraus. Sie ist mehr als Wissen und immer auf das Tun ausgerichtet. Für Aristoteles ist die Klugheit die Voraussetzung aller Tugenden. Er nennt sie die Wagenlenkerin der Tugenden. Ich muss erst die Wirklichkeit richtig erkennen. Dann kann ich richtig handeln. Die Klugheit erkennt die Mittel, die notwendig sind, damit das Leben gelingt. Sie ist kreativ. Sie erkennt, was gerade jetzt nötig ist, um innerlich wie äußerlich weiter zu kommen.

Der hl. Thomas von Aquin verbindet die Klugheit (pruden-
tia) mit der Voraussicht (providentia).Und Pieper beschreibt
sie so: Der Kluge schaut über die momentane Situation hinaus und schätzt ab, „ob ein bestimmtes Tun wirklich Weg
sein wird zur Verwirklichung des Zieles". Das deutsche
Wort „klug" meint eigentlich: fein, zart, zierlich, gebildet,
geistig gewandt, mutig, beherzt. Der Kluge denkt nicht allein
mit dem Verstand, sondern mit dem Herzen. Er ergreift beherzt die Gelegenheit, die sich ihm bietet. Und er sieht die
feinen Unterschiede, die manchem groben Geist verborgen
bleiben.

Die Klugheit bewahrt uns zudem vor unnötigen Fehlern.
Jesus lobt den klugen Mann, der sein Haus auf den Felsen
gebaut hat. Der kluge Mann weiß, worauf es ankommt. Er
handelt überlegt. Er baut sein Haus auf den stabilsten Grund.
So können ihm die Stürme des Lebens nichts anhaben. Jesus
lobt die Klugheit des ungerechten Verwalters, der seine Situation richtig einschätzt und das tut, was ihm noch möglich ist.
Und er stellt die klugen Jungfrauen den törichten gegenüber,
die einfach nur in den Tag hinein leben. Die klugen sehen
sich vor. Sie sorgen dafür, dass sie genügend Öl bei sich haben, auch wenn sie länger warten müssen. Die drei Beispiele
zeigen, wie die Klugheit uns hilft, mit dem Leben besser zurecht zu kommen. Die törichten Jungfrauen müssen viel
Energie verschwenden – und mitten in der Nacht ins Dorf
zurück, um Öl zu kaufen. Und dann kommen sie zu spät.
Der törichte Mann baut sein Haus auf Sand. Er muss genauso viel Kraft aufwenden für seinen Hausbau wie der Kluge. Aber sobald Stürme kommen, stürzt sein Haus zusammen. Und der ganze Kraftaufwand war umsonst. Der Kluge
geht sorgfältig mit der Energie um, die ihm Gott zur Verfügung gestellt hat. Da er sie nicht verschwendet, hat er im-

mer genügend Vorrat, aus dem er schöpfen kann. Seine
Quelle versiegt nicht, weil er sie richtig einschätzt.

Sinn und Orientierung

Viele erfahren das Leben als anstrengend und mühevoll, weil
sie keinen Sinn in ihrem Leben erkennen. Sie wissen nicht,
was sie eigentlich wollen. Viktor E. Frankl, ein jüdischer Psy-
chologe, hat die geistige Dimension als Faktor von Gesundheit und Krankheit erkannt. Er sieht in der Erfahrung von
Sinnlosigkeit heute die häufigste Ursache von Neurosen und
spricht in diesem Zusammenhang von noogener Neurose.
Frankl hat im KZ die Bedrohung des Lebenssinnes selber
hautnah und auf schreckliche Weise erlebt. Er stand die Sinnlosigkeit des KZs durch, weil er für sich selbst einen Sinn für
sein Leben entdeckt hatte.

Immer mehr Menschen fragen sich heute, in einer wesentlich weniger extremen Situation, warum sie überhaupt leben und welchen Sinn ihr Leben haben könnte. Die Sinnlosigkeit raubt ihnen alle Energie. Sie lässt ihre inneren
Quellen grundlos versiegen.

Ich erlebe in Gesprächen immer wieder Menschen, die darüber jammern, dass ihnen so vieles misslingt. Sie probieren
manches aus. Aber weil sie kein Ziel haben, können sie auch
nicht konsequent auf dem Weg bleiben, den sie beschritten
haben. Sie wissen ja nicht, ob er überhaupt weiter führt. Sie
verfolgen kurzfristige Ziele, sei es Berufsausbildung, Studium
oder eine Partnerschaft. Aber dann wissen sie nicht, ob sie
den Beruf überhaupt möchten und was sie mit dem Studium
anfangen können. Sie möchten heiraten, aber zugleich zwei-

feln sie daran, ob sie überhaupt mit dem Partner oder der Partnerin zusammenpassen. Immer mehr Menschen leiden heute an einer solchen Orientierungslosigkeit. Sie sind auf einem Weg. Aber sie wissen gar nicht, ob sie ihn wirklich weiter gehen möchten. Sobald sich Hindernisse in den Weg stellen, verlieren sie ihre Energie. Sie haben gar keine Motivation weiter zu kämpfen. Sie fragen sich, ob es sich überhaupt lohnt, zu leben und sich anzustrengen.

Manche sehen keinen Sinn in ihrem Leben, weil sie zu hohe Erwartungen an sich selber haben. Sie spüren die Ohnmacht, angesichts der Weltsituation die Verhältnisse zu verbessern. Sie haben als Einzelne keine Chance, den Frieden in der Welt zu schaffen. Sie sind fixiert auf die Probleme der Welt und meinen, es sei sinnlos, dagegen anzugehen. So übersehen sie den Sinn, den sie ihrem Leben geben könnten. Meinen Sinn finde ich nicht dadurch, dass ich die ganze Welt verändere. Der erste Sinn meines Lebens besteht darin, dass ich das einmalige Leben, das Gott mir geschenkt hat, auch lebe, dass ich meine persönliche Lebensspur in diese Welt eingrabe. Jeder von uns steht morgens auf. Er begegnet Menschen, spricht mit ihnen, schaut sie an. Jeder hat mit seinem Gesicht eine Ausstrahlung. Jeder verbreitet mit seiner Stimme eine Stimmung und erzeugt mit seinen Worten um sich herum eine Atmosphäre. Was wollen wir in unsere Umgebung hinein ausstrahlen? Darüber sollten wir uns zuerst einmal Gedanken machen. Denn das ist unser Beitrag, diese Welt menschlicher zu gestalten. Es geht nicht in erster Linie um Leistung. Es geht um Stimmigkeit. Jeder Mensch ist einmalig. Der Sinn meines Lebens besteht nicht in erster Linie darin, Großes zu Wege zu bringen, sondern das eigene Leben so authentisch zu leben, dass das, was Gott mir geschenkt hat, für diese Welt fruchtbar wird. Wenn ich den Sinn meines eigenen Lebens erkannt habe, werde ich auch genügend Kraft haben, etwas für diese Welt zu tun, was sie menschlicher macht. Um zu erkennen, was mein Auftrag in dieser Welt ist, muss ich also zunächst und vor allem ehrlich auf meine Lebensgeschichte und auf meine Anlagen schauen. Ich muss mein Maß finden und meine Berufung erkennen. Das kann ich am besten, wenn ich in mich hinein horche und beobachte: Wo fühle ich mich lebendiger? Wo strömt in mir Energie? Wo wird mein Herz weit? Bei welcher Alternative entstehen in mir Frieden und Freude? Jeder Mensch hat eine besondere Berufung, sein Leben zu leben und dadurch einen Beitrag zu leisten, dass diese Welt immer mehr dem ursprünglichen Schöpfungswillen Gottes entspricht.

Ich erlebe viele Menschen, die die verschiedenen Möglichkeiten aufzählen, die sie eigentlich verwirklichen könnten. Aber bei jeder Möglichkeit gibt es für sie Hindernisse und Fragen. Sie wissen nicht, ob es sich lohnt, sich anzustrengen, um das Studium zu schaffen. Sie wissen nicht, ob sie sich an diese konkrete Frau oder diesen bestimmten Mann wirklich binden oder nicht doch lieber auf die Traumfrau oder den Traummann warten sollen. Diese Unsicherheit lähmt sie. Die Folge: Das Leben insgesamt ist für sie zu anstrengend. Doch wenn man es von außen her betrachtet, müsste das nicht so sein: Sie leben in geordneten Verhältnissen. Sie haben genügend Geld. Sie sind gesund. Doch die Sinnlosigkeit raubt ihnen jeden Lebenswillen. Sie können sich für nichts entscheiden und für nichts engagieren. Ihre Zweifel überschatten alles. Nichts gibt ihnen Sinn und Richtung. So können sie ihr Leben nicht ausrichten. Ihre Energie verpufft richtungslos und ziellos.

114

Für die pessimistische Psychologie eines Sigmund Freud gibt es keinen Sinn des Lebens: „Den Sinn des Lebens gibt es nicht. Wer nach dem Sinn des Lebens fragt, ist krank!" Dagegen setzt die Logotherapie Viktor Frankls auf den Sinn des Lebens als die gesundmachende Kraft. Allerdings gibt Frankl keine allgemein gültige Antwort wie etwa die christliche Tradition, für die der Sinn des Lebens die Erkenntnis Gottes, bzw. die Vergöttlichung des Menschen ist. Alfried Längle, ein Schüler Viktor Frankls, versteht unter Sinn „eine besondere Art der Gestaltung der Situation". Sinnlosigkeit – davon ist Frankl überzeugt – macht den Menschen krank. Daher muss der Mensch bei allem, was er tut, immer auch nach dem Sinn fragen. Und wenn er mit Leid und Krankheit konfrontiert wird, stellt er umso bohrender die Frage nach dem Sinn des Ganzen. Frankl beschreibt drei „Hauptstraßen zum Sinn": die Erlebniswerte, schöpferische Werte und Einstellungswerte. Wenn ich etwas intensiv erlebe, etwa die Schönheit einer Blume oder die Harmonie einer mozartschen Symphonie, dann ist dieses Erlebnis voll von Sinn, auch wenn ich dabei nicht an den Sinn denke. Wer mit allen Sinnen lebt, der erlebt das Leben auch als sinnvoll. Zum Sinn gehört es aber auch, dass der Mensch sein Leben selbst in die Hand nimmt und es gestaltet, dass er schöpferisch damit umgeht. Dabei geht es nicht um große Werke, die jemand vorweisen kann. Viktor Frankl meint genau das, wenn er sagt: „Der Roman, den einer gelebt hat, ist noch immer eine unvergleichlich größere schöpferische Leistung als der, den jemand geschrieben hat." Die Bibel drückt den schöpferischen Wert des Menschen mit dem Bild der Sendung aus. Der Mensch ist von Gott in die Welt gesandt, um diese Welt zu gestalten, zu hegen und zu pflegen. Sinnvoll wird das Leben erst, wenn der Mensch seinen Auftrag erkennt, den er in dieser Welt hat, und ihn auch lebt.

Wenn der Mensch gegenüber seinem Schicksal – etwa einer unheilbaren Krankheit oder dem Verlust eines lieben Menschen – ohnmächtig ist, dann hängt der Sinn seines Lebens davon ab, mit welcher Einstellung er das erträgt, was ihm widerfährt, und wie er darauf reagiert. Die Einstellung ist mir nicht einfach vorgegeben. Sie kann ich selbst bestimmen. Aber ich kann daran arbeiten, eine Einstellung zu finden, mit der ich mein Leben in der Familie, meine Arbeit, meine Krankheit, meine Konflikte zu tragen vermag.

Wer keinen Sinn für sich erkennen kann, dem geht auch die Energie verloren. Sinn motiviert. Sinn bringt mich in Bewegung. Die Ausrichtung auf ein Ziel erzeugt Energie. Manchmal erschrecke ich in Gesprächen, wie Menschen nur herumhängen. Sie reden etwas über sich. Aber ohne Blick auf einen größren Zusammenhang. Sie leiden vor sich hin. Aber ich spüre keine Bereitschaft, das Leben selbst in die Hand zu nehmen. Sinn für das Leben kann einem kein anderer geben. Den muss jeder für sich selbst finden. Aber es gibt für jede Situation einen Sinn, wenn ich nur die Augen öffne und bereit bin, die Situation aktiv zu gestalten. Der Sinn, den ich meinem Leben im Ganzen und den ich der konkreten Situation gebe, ist etwas, woraus ich Kraft schöpfe und was mein Leben befruchtet und erfrischt. Wenn ich keinen Sinn wahrnehme, verliere ich den Kontakt zu dieser Quelle. Ich irre ziellos herum, ohne die lebensspendenden Möglichkeiten zu entdecken, die unmittelbar vor meinen Füßen sprudeln.

4. Der spirituelle Weg

In den bisherigen Überlegungen wurde deutlich, wie heilsam es ist, aus klaren Quellen zu schöpfen. Die Frage bleibt weiter, wie wir den Zugang zu ihnen bekommen. Die spirituelle Tradition zeigt uns nun verschiedene Wege auf, die uns in den Grund unserer Seele führen. Dort auf dem Grund unseres Innern sprudelt die Quelle des Heiligen Geistes, die sich in die einzelnen Quellen der Tugenden und Werte ergießt. Alle spirituellen Methoden und Wege haben letztlich den Sinn, uns mit dieser Quelle in unserem Innern in Berührung zu bringen. Dabei sind auch Gebet und Meditation, Gottesdienst und Rituale, Lesung der Heiligen Schriften und Stille wiederum nicht nur Wege zur Quelle. Vielmehr sind sie selbst eine Quelle, aus der wir schöpfen können. Wer eine halbe Stunde meditiert, fühlt sich nachher oft gestärkt und erfrischt. Aber es geht nicht nur um die Wege, die wir selbst gehen, sondern auch um die Wege, die Gott mit uns geht. Dass wir im Gebet oder in der Natur Gott erfahren, ist nicht das Ergebnis unseres eigenen Bemühens. Es ist immer Geschenk der göttlichen Gnade. Und so ist die Gnade Gottes und die Erfahrung Gottes eine wichtige Quelle, die unser Leben befruchtet und erfrischt.

Geisterfüllte Worte

Für viele Christen ist die Bibel eine Quelle, aus der sie leben. Sie lesen täglich in der Bibel und erfahren darin Trost und Stärkung. Für manche sind einzelne Worte zu Lieblingsworten geworden, die sie ihr Leben lang begleiten. Oft ist es der Taufspruch oder der Konfirmationsspruch. Oder sie haben einen Psalm, an den sie sich immer wieder halten. Als ich Maria, die bei uns in der Verwaltung gearbeitet hatte, und lange an einer schweren Krebserkrankung litt, vor ihrem Tod fragte, welches Wort ihr wichtig geworden sei in ihrem Leben, da nannte sie spontan den Psalm 23: „Der Herr ist mein Hirt, nichts wird mir fehlen." Dieser Vers fiel ihr immer wieder ein, wenn es ihr einmal nicht so gut ging. Angesichts des Todes entdeckte sie, aus welcher Quelle sie gelebt hat. Und sie nannte als weitere Quelle den Anfang eines Liedes, das ein Wort Jesu meditierte: „Mir nach, spricht Christus, unser Held." In diesem Lied ist vom Kreuz die Rede, das jeder auf sich nehmen muss. Man möchte meinen, ein solches Wort könnte eher als eine Bedrohung empfunden werden. Doch für diese Frau war es ein tröstlicher Begleiter. Wenn ihre eigenen Pläne durchkreuzt wurden von Schicksalsschlägen, war es ein Halt, an dem sie sich festhalten konnte. Und gerade in ihrer Krebskrankheit gab ihr dieses Wort die Kraft, sich selbst nicht aufzugeben, sondern mit der Krankheit zu kämpfen.

Eine Therapeutin, die große Erfahrung in der therapeutischen Arbeit mit verletzten Menschen hat, erzählte mir, ihr sei das Wort aus dem 2. Korintherbrief in letzter Zeit immer wichtiger geworden: „Meine Gnade genügt dir; denn sie erweist ihre Kraft in der Schwachheit." (2 Kor 12,9) Sie spürte offensichtlich, dass ein solches Wort gerade für seelisch verletzte Menschen eine heilende Kraft entfalten kann. Wir stellen uns in der Therapie und auch in der seelsorglichen Begleitung oft unter den Leistungsdruck und möchten unsere psychischen Wunden am liebsten so behandeln und bearbeiten, dass keine empfindlichen Stellen und Schwächen mehr zurückbleiben. Doch das ist eine Illusion. Die Erfahrung, die der hl. Paulus mit seiner eigenen Schwachheit gemacht hat, kann da zum Trost werden. Paulus hat zuerst mit großem Ehrgeiz die Gebote seiner Religion befolgt. Als sein Lebensgebäude zusammenbrach, widmete er sich mit gleicher Kraft der Botschaft Jesu. Doch offensichtlich blieben seine neurotischen Strukturen erhalten. Er litt an einer Schwäche, die ihm peinlich war. Wenn er predigte, hatte er offensichtlich nicht das sichere Auftreten, das er sich wünschte. Er bat Christus, ihn doch davon zu befreien. Vielleicht meinte er, es sei doch für seine Aufgabe als Missionar besser, wenn der Herr ihm seine Schwachheit nehmen würde. Dann könnte er besser für ihn werben. Doch Christus traute ihm zu, so, wie er war, ein guter Verkünder seiner Botschaft zu sein. Seine Gnade erweist ihre Kraft gerade in seiner Schwachheit: Ein solches Wort befreit von dem inneren Leistungsdruck. Es hilft uns, uns auszusöhnen mit unserer Empfindlichkeit, mit unseren Hemmungen, mit unseren Schwächen. Wir brauchen nicht mehr gegen uns und unsere Schwachheit zu kämpfen. Wir spüren mitten in unserer Ohnmacht eine neue Kraft, die sich aus einer Quelle speist, die nie versiegt. In einem solchen Zuspruch wirkt die Quelle des Heiligen Geistes konkret in unsere psychische Struktur hinein. Nicht nur auf meine Stärken kommt es an, sondern gerade auch durch meine Schwächen wirkt der Geist. Es kommt nicht darauf an, dass ich meine Schwächen besiege oder erfolgreich unterdrücke, sondern dass ich gerade dort, wo ich schwach bin, durchlässig bin für den Heiligen Geist. Dann vermag der Geist Gottes oft mehr zu wirken als durch meine Stärken. Denn bei meinen Stärken bin ich immer in Gefahr, sie mit dem eigenen Ego zu vermischen. In meinen Schwächen dagegen bin ich durchlässig für Gottes Geist.

Für mich selber war eine zeitlang das Wort Jesu, das er zum Gelähmten gesprochen hat, eine wichtige Quelle: „Steh auf, nimm dein Bett und geh!" Als ich anfing Kurse zu halten, kostete mich die Vorbereitung immer viel Kraft. Ich grübelte oft lange, wie ich den Kurs aufbauen sollte oder welche Übungen ich machen könnte. Nach jeder Einheit begann ich von neuem zu überlegen, ob die oder jene Übung nun besser ins Konzept passe oder mehr bei den Leuten bewirke. Heute weiß ich: Es ging mir nicht so sehr um das schlüssige Konzept, sondern um meine Wirkung nach außen. Ich wollte es allen recht machen. Mein Ehrgeiz war: Die Teilnehmer und Teilnehmerinnen sollten meinen Kurs gut finden. Und ich setzte mich selbst unter Druck, dass möglichst viel herauskommen sollte. Das hat mich Kraft gekostet. Da half mir der Satz Jesu. Ich wusste manchmal vor einer Arbeitseinheit im Kurs nicht genau, was ich machen sollte. Ich hatte natürlich ein paar Alternativen überlegt. Aber ich hörte auf, darüber nachzugrübeln, welche Alternative die beste wäre. Wenn ich den Kursraum ging, sagte ich mir das Wort vor: „Steh auf, nimm dein Bett und geh!" Dann traute ich dem ersten Impuls, der kam. Das Wort, das Jesus zum Gelähmten sprach, befreite mich vom Druck, immer alles optimal zu machen. Meine Impulse kamen nicht mehr nur aus dem Kopf und aus dem Verlangen, alles richtig und gut zu machen, sondern aus einer größeren Tiefe. Dieses Wort brachte mich in Berührung mit dieser inneren Quelle. Seither sind meine

Kurse für mich wesentlich entspannender — und ich glaube, dass die größere Gelassenheit auch auf die Teilnehmer ausstrahlt und sie auch davon befreit, immer alles „toll" finden zu müssen.

Für mich ist die Bibel eine unerschöpfliche Quelle. Auch wenn ich viele Texte schon oft meditiert habe, entdecke ich immer wieder Neues. Und je nach meiner persönlichen Verfassung spricht mich ein alt vertrautes Wort auf einmal ganz neu an. Ich spüre, dass es nicht nur Worte großer Dichtung sind, sondern geisterfüllte Worte, die Leben spenden. Der Psalmist spricht genau das aus, wenn er bekennt: „Dein Wort ist meinem Fuß eine Leuchte, ein Licht für meine Pfade." (Ps 119,105) Es braucht freilich den Heiligen Geist, damit ich die Worte der Bibel so verstehe, dass sie zu einem Licht für mein Leben werden. Jesus hat uns den Heiligen Geist verheißen, der uns alles lehren wird, was er uns gesagt hat. (Joh 14,26) Es ist der Geist der Wahrheit, der uns in die ganze Wahrheit führt. (Joh 16,13) Durch den Heiligen Geist verstehe ich das Wort Jesu in seiner ganzen Fülle. Da gehen mir die Augen auf und ich blicke auf einmal durch. Oft fällt mir ein Wort aus der Bibel ein, wenn ich im Gespräch mit einem Hilfesuchenden nicht weiter komme. Es bringt Licht in das Dunkel und zeigt einen neuen Weg, auf den ich durch eigenes Nachdenken nicht gekommen wäre. Aber es braucht eben auch die Übung, mit dem Wort der Schrift zu leben, es immer wieder zu lesen und zu meditieren, damit es tief in mich hinein fallen und mich von innen her prägen und zum Leben inspirieren kann.

Meditation und Gebet

In der geistlichen Tradition wurde die Meditation immer als hilfreicher Weg gesehen, in die eigene Mitte zu finden und dort die Quelle des Heiligen Geistes zu entdecken. Der Atem wurde als Weg in die eigene Tiefe gesehen. In der christlichen Tradition hat man den Atem mit einem Wort aus der Bibel oder aber mit dem Jesusgebet verbunden: „Herr Jesus Christus, Sohn Gottes, erbarme dich meiner!" Wer dieses Wort im Rhythmus seines Atems wiederholt, der kann seinen Atem wie einen Bohrer erleben, der die Betonschicht durchdringt, die ihn von der inneren Quelle trennt. Manchmal bleibt der Bohrer freilich im Beton hängen. Dann ist die Meditation nur oberflächlich. Aber wenn der Atem gemeinsam mit dem Wort in die innere Tiefe führt, erahnt man diese Quelle, die nie versiegt. Im Ausatmen kommt man in Berührung mit der inneren Quelle. Und im Einatmen strömt das erfrischende und zugleich klärende und reinigende Wasser aus der Tiefe in Leib und Seele ein.

Die Tradition des Mönchtums kennt zwei Weisen der Meditation: die so genannte ruminatio und die lectio divina. In der Ruminatio (=Wiederkäuen) verbindet man den Atem mit einem Wort und konzentriert sich auf den Atem, damit er einen immer tiefer in den Grund seiner Seele führt, in dem die innere Quelle sprudelt. Das Wort, das mit jedem Atemzug leise gesprochen wird, bindet den Geist, damit er nicht abschweift. Und es schließt die Türe auf zum inneren Raum der Stille, in dem Gott selbst in uns wohnt. In diesem inneren Ort des wortlosen Schweigens werden wir gewahr, dass in uns eine Quelle strömt, die nie versiegt, weil sie göttlich ist. Wir können noch soviel geben – solange wir in der Meditation mit dieser inneren Quelle in Berührung sind, werden wir nicht so leicht erschöpft.

In der lectio divina (= göttliche Lesung, Schriftlesung) lesen wir Heilige Schrift so, dass die Worte immer tiefer in uns hineinfallen und unser Herz berühren. Meditation heißt bei dieser Methode, dass wir die Worte der Schrift kosten und schmecken, damit sie einen süßen Geschmack in unserem Innern erzeugen. Dann verstehen wir, was Jesus von der Wirkung seiner Worte gesagt hat: „Ihr seid schon rein durch das Wort, das ich zu euch gesagt habe." (Joh 15,3) Die Worte der Bibel schaffen in uns Klarheit. Sie bringen uns in Berührung mit dem Reinen und Lauteren in uns. Sie bewirken einen tiefen inneren Frieden. Jesu Worte haben immer auch Freude in den Herzen der Zuhörer erzeugt: „Dies habe ich euch gesagt, damit meine Freude in euch ist und damit eure Freude vollkommen wird." (Joh 15,11) Die Worte Jesu führen uns zu der Freude, die auf dem Grund unseres Herzens verborgen liegt. Und sie füllen unsere eigene Freude mit seiner Freude auf, die unerschöpflich ist, weil sie göttlichen Ursprungs ist. Das Ziel der lectio divina ist die contemplatio. Damit meinen die Mönche einen Zustand des reinen Schweigens. Ich denke nicht mehr über die Worte der Schrift nach. Vielmehr haben mich die Worte in die Stille geführt. Dort berühre ich Gott und werde eins mit ihm. Dort strömt die göttliche Quelle der Liebe. Dort bin ich einverstanden mit meinem Leben, erfüllt von der Liebe, die im Wort Gottes in mich eingedrungen ist und nun in mir eine Quelle der Liebe hervorsprudeln lässt.

Teresa von Avila sieht auch in den einfachen Gebeten, die wir tagsüber sprechen, einen Weg zu dieser innersten Mitte unseres Lebens. Die täglichen Gebete des Vaterunsers, des Ave-

Maria oder des Rosenkranzes sind nicht nur äußere Gebete. Wer richtig betet, der betet ja immer im und aus dem Heiligen Geist. Es geht dabei nicht darum, eine religiöse Leistung zu vollbringen. Vielmehr sollen die Gebetsworte uns immer wieder an die Quelle in uns erinnern, damit wir aus dieser Quelle schöpfen anstatt aus den trüben Quellen unseres eigenen Wollens. Das ist auch das Ziel der kurzen Stoßgebete wie: „Im Namen Jesu" oder „Mit Gottes Hilfe". Solche kurzen Gebete lassen die Menschen spüren, dass da noch etwas anderes in ihnen ist, aus dem sie schöpfen können. Für viele genügt es, sich einfach still vor Gott hin zu setzen und sich ihm hinzuhalten. Dadurch kommen sie zur Ruhe. Und sie spüren, dass sie in der Stille innerlich regenerieren und erfrischt und gestärkt werden.

Cassian berichtet uns von einer Methode der Meditation, die die Vorstellungskraft zu Hilfe nimmt. Schon vor 1600 Jahren hat er also eine Methode entwickelt, die die Psychologie heute neu als heilsam entdeckt hat. In dieser Meditation sollen wir uns vorstellen, wie wir auf Beleidigungen mit Sanftmut reagieren. Es ist kein Vorsatz, den wir uns mit dem Willen machen. Cassian versteht die „meditatio" als Einübung in eine innere Haltung. In der Meditation stellen wir uns eine Haltung vor, nach der wir uns sehnen oder die uns Jesus Christus im Evangelium als seinem Geist entsprechend verkündet hat. Cassian regt uns an, wir sollten uns in täglichem Sinnen (meditationibus) einüben in die vollkommene Geduld, und er empfiehlt dem Meditierenden: „Indem er sich so alles Harte und Unerträgliche häufig vorstellt, sinne (meditetur) er beständig in aller Herzenszerknirschung nach, mit welcher Sanftmut er demselben begegnen müsse." (Coll 19,14)

124

Im alltäglichen Leben ist dies nicht einfach zu realisieren. Eine Schwester erzählte mir, dass sie sich über einige Mitschwestern ständig ärgere. Ihr Ärger sei in ihr zu einem Kloß geworden, der sich zwischen Kopf und Herz geschoben habe und sie von ihrer inneren Quelle trenne. Sobald die Mitschwester den Mund aufmacht, reagiert sie schon aggressiv. Es ist, wie wenn aus ihrem Innern ein Schwall von schmutzigem Wasser hochsteigt und sie überschwemmt. So kann sie gar nicht mehr vernünftig reagieren. Und immer wieder ärgert sie sich, dass sie dieser Mitschwester soviel Macht über sich gibt. Cassians Anregung könnte da eine gute Hilfe sein: Sich vorzustellen, dass sie ganz im Frieden mit sich ist, in Berührung mit der inneren Quelle von Ruhe und Gelassenheit, von Frieden und Milde. Dann könnte sie nicht mehr aus ihrer Mitte vertrieben werden. Vielmehr würde sie aus sich selbst antworten und sich von der Mitschwester nicht in die Position von Rechtfertigung und Verteidigung drängen lassen.

Was Cassian damals entwickelt hat, möchte ich in eine Übung umsetzen, die auch heute hilfreich ist:

Setze dich entspannt hin. Schließe die Augen. Stelle dir vor, du sitzt in deiner Wohnung an deinem Lieblingsplatz. Du spürst den Atem, wie er durch den Leib strömt. Und mit dem Atem strömt deine Zustimmung zu dir selbst.

Es ist gut, so wie es ist. Ich bin ganz bei mir, im Einklang mit mir selbst. Ich bin in meiner Mitte, in Berührung mit der inneren Quelle.

Dann stelle dir vor: Es kommt ein Mensch, der dir vertraut ist, mit dem du dich gerne unterhältst. Wie würde das Gespräch ablaufen, wenn du ganz bei dir wärest und zugleich

125

offen für den andern? Wenn du frei wärest von dem Druck, die Erwartungen des anderen zu erfüllen oder eine gute Figur zu machen, wenn du den andern bewusst wahrnehmen würdest, in seinem Gesicht, in seinen Worten, und wenn du antwortest, was wirklich aus deinem Herzen strömt?

Dann verabschiede dich von diesem Menschen. Spüre nach, dass du wieder ganz bei dir bist.

Dann stelle dir vor, dass ein Mensch zu dir kommt, der dich oft einengt und dir Angst macht, mit dem du nur ungern sprichst, mit dem du vielleicht gerade einen Konflikt hast. Wie würde das Gespräch ablaufen, wenn du ganz bei dir wärest, wenn du dir vom andern nicht die Spielregeln aufzwingen lassen würdest, wenn du dich nicht von den Worten des andern in die Enge treiben lässt? Wie könntest du den andern sehen, wenn du ihn nicht festlegst auf seine aggressive Art, sondern die Sehnsucht in ihm erkennst? Versuche, die Würde des andern zu beachten. Und stelle dir dann vor, was du ihm sagen und wie du zu ihm sprechen möchtest …

Dann verabschiede dich wieder und spüre nach, ob du ganz bei dir selbst bist.

Eine solche Meditation kann eine gute Übung für dich sein, damit du auch in schwierigen Situationen des Alltags aus der inneren Quelle heraus reagierst und dich nicht vom andern die Spielregeln vorschreiben lässt. Wenn du dir nur mit dem Willen vornimmst, zu allen Mitarbeitern freundlich zu sein, dann fällt dir der Vorsatz erst wieder ein, wenn dich jemand schon aus der Mitte heraus gerissen hat. Wenn du dich aber in der Meditation in die Haltung der Gelassenheit hinein meditiert hast, dann erinnern dich der kritische Blick oder die verletzenden Worte des Mitarbeiters an die Erfahrung, die du in der Meditation gemacht hast. Dann bist du wieder in deiner Mitte. Und wenn du bei dir bist, dann lässt du dich nicht mehr von außen bestimmen, sondern schöpfst aus der inneren Quelle. Du wirst das sagen, was aus deinem Herzen kommt, was für dich stimmt. Dann wird die Begegnung mit dem schwierigen Mitmenschen nicht anstrengend sein und dich nicht einengen. Vielmehr wirst du dich innerlich frei fühlen. Du lässt dich nicht aus deiner Mitte reißen und von deiner Quelle abschneiden.

Die Meditation will uns in die eigene Mitte führen. Graf Dürckheim hat das Wort „meditatio" immer mit „medium = Mitte" verbunden. In der Meditation finde ich meine Mitte. Und in der Mitte entspringt die Quelle des Heiligen Geistes, und hier komme ich in Berührung mit meinen inneren Ressourcen. Solange andere mich bestimmen, werden meine Emotionen von ihnen geprägt und verunreinigt. Meditation versteht Cassian als Reinigung der Emotionen. Wenn ich mich nicht von Ärger, Ungeduld, Neid oder Eifersucht mitreißen lassen will, dann ist es notwendig, die Emotionen zu reinigen. Die Meditation als Reinigung der Emotionen ist daher ein Weg zur Gesundung der Seele.

Die Kraft der Rituale

Ein guter Weg, immer wieder mit der inneren Quelle in Berührung zu kommen, sind auch die täglichen Rituale. Rituale erinnern uns immer wieder, woraus wir eigentlich leben. Sie sind eine heilige Zeit, in der wir uns als heil und ganz erfahren dürfen. Rituale geben uns das Gefühl, dass wir selber leben, anstatt gelebt zu werden. Jeder hat seine eigenen Rituale entwickelt. Wir können nicht den ganzen Tag über mit unserer Quelle in Berührung sein. Aber wir brauchen tägliche Rituale, in denen wir innehalten, um die eigene Mitte und in der Mitte die Quelle zu spüren, die in uns sprudelt. Ohne dieses Innehalten versiegt die Quelle in uns oder wir verlieren die Beziehung zu ihr. Vielleicht sind folgende Anregungen hilfreich:

Du kannst als Morgenritual einmal die Segensgebärde der erhobenen Hände üben. Stelle dir vor, dass durch deine Hände Gottes Segen hineinströmt in die Räume deiner Wohnung und in die Räume deiner Arbeit. Dann wirst du anders zur Arbeit gehen. Du hast dann nicht mehr den Eindruck, dass die Arbeitsräume voll sind von Streit und Intrigen, getrübt von negativen Emotionen und von verdrängten Schattenseiten. Du betrittst vielmehr Räume, in denen Gottes Segen wohnt. Und stelle dir vor, wie du den Segen zu den Menschen schickst, denen du heute begegnest, zu deiner Familie, zu deinen Freunden und zu den Arbeitskollegen. Vielleicht erinnerst du dich dann bei deinen Begegnungen an den Segen, den du zu diesen Menschen geschickt hast. Dann wird die Begegnung anders sein.

Als Abendritual kannst du die Hände vor der Brust kreuzen. Stelle dir vor, dass du die Türe zu deinem Innern schließt und jetzt allein mit Gott bist. Mit den gekreuzten Händen schützt du den Innenraum, in dem Gott in dir wohnt. Dort drinnen, auf dem Grund deiner Seele strömt eine unerschöpfliche Quelle. Obwohl du tagsüber viel gegeben hast, bist du nicht verausgabt. Die Quelle sprudelt trotzdem weiter, weil sie göttlich ist. Vielleicht fühlst du dich müde, aber nicht erschöpft. Du weißt, dass die Quelle dir auch am nächsten Tag zur Verfügung steht.

Gerade an Tagen, an denen du dich mit Terminen übernommen hast, brauchst du solche kurzen Rituale, um zu spüren: Ich werde alles, was mich heute erwartet, aus dieser inneren Quelle heraus tun. Dann wirst du die Erfahrung machen, dass die vielen Gespräche, Begegnungen und Aufgaben gar nicht anstrengend sind. Gerade dann, wenn du sehr viel zu tun hast, brauchst du die innere Vergewisserung, dass da eine andere Quelle in dir ist, die nicht versiegt.

Zeiten von Stille und Ruhe

Wir alle brauchen immer wieder Zeiten der Stille, in denen wir uns zurückziehen können vom Lärm, der uns oft genug umgibt, vom Lärm der Arbeit, von den vielen Gesprächen und Vorträgen. Jeder hat andere Formen entwickelt, wie er sich zurückziehen kann. Der eine geht spazieren, der andere macht einen so genannten Wüstentag – einen Tag der spirituellen Vertiefung und Konzentration, ohne die Anforderungen des Alltags. Ein anderer zieht sich in sein Zimmer zurück und zieht den Telefonstecker heraus, damit er nicht erreichbar ist. Jeder von uns braucht die Möglichkeit des Rückzugs, damit er Rückhalt findet, einen festen Halt, auf dem er stehen kann. Der Rückzug ist immer verbunden mit der Rücksicht auf mich selbst. Ich schone mich selbst, gehe rücksichtsvoll mit mir um, damit die innere Quelle wieder fließen kann.

Die frühen Mönche haben solche Zeiten des Rückzugs und der Stille verglichen mit dem ruhig werdenden Wasser. In einer Mönchsgeschichte heißt es, dass drei Studierende Mönche wurden. Jeder nahm sich ein gutes Werk vor. „Der erste erwählte dies: er wollte Streitende zum Frieden zurückführen, nach dem Wort der Schrift: Selig sind die Friedfertigen. Der zweite wollte Kranke besuchen. Der dritte ging in die Wüste, um dort in Ruhe zu leben. Der erste, der sich um die Streitenden mühte, konnte doch nicht alle heilen. Und von Verzagtheit übermannt, ging er zum zweiten, der den Kranken diente, und fand auch den in gedrückter Stimmung. Denn auch er konnte sein Vorhaben nicht ganz ausführen. Sie kamen daher beide überein, den dritten aufzusuchen, der in die Wüste gegangen war, und sie erzählten ihm ihre Nöte und baten ihn, er möge ihnen aufrichtig sagen, was er gewonnen habe. Er schwieg eine Weile, dann goss er Wasser in ein Gefäß und sagte ihnen, sie sollten hineinschauen. Das Wasser war aber noch ganz unruhig. Nach einiger Zeit ließ er sie wieder hineinschauen und sprach: Betrachtet nun, wie ruhig das Wasser jetzt geworden ist. Und sie schauten hinein und erblickten ihr Angesicht wie in einem Spiegel. Darauf sagte er weiter: So geht es dem, der unter den Menschen weilt: Wegen der Unruhe und Verwirrung kann er seine Sünden nicht sehen. Wer sich aber ruhig hält und besonders in der Einsamkeit, der wird bald seine Fehler einsehen."

Viele machen heute ähnliche Erfahrungen wie die drei jungen Mönche. Sie möchten sich für andere einsetzen und andern helfen. Aber sie spüren, dass ihr Werk nicht so gelingt, wie sie es sich vorgenommen haben. Der Wille allein ist nicht genug, um die eigenen Ideale zu verwirklichen. Es braucht die Erfahrung der inneren Ruhe, in der wir uns selber so sehen können, wie wir wirklich sind. Wenn in der Stille das Wasser unserer Seele ruhig wird, dann können wir daraus schöpfen. Dann können wir das Werk, das wir uns vorgenommen haben, auch vollbringen. Solange wir innerlich aufgewühlt sind, können wir die Energie nicht wahrnehmen, die in uns strömt. Es braucht die Ruhe, um die Kraft zu entdecken, die in uns liegt.

Viele vom Lärm und der alltäglichen Anspannung geplagte Menschen suchen heute nach Auszeiten und Oasen der Ruhe. In unserer Abtei spüren wir, wie groß die Sehnsucht nach Rückzug ist. In unser Gästehaus kommen viele Menschen, die ein paar stille Tage verbringen möchten. Sie sehnen sich danach, vom Lärm ihres Alltags weg zu kommen und einzutauchen in das Gebet der Mönche und in die stille Atmosphäre eines Klosters. In der Stille kommen sie in Berührung mit sich selbst. Das ist nicht immer angenehm. Daher suchen sie auch nach einer geistlichen Begleitung, um mit dem inneren Chaos, das in ihnen aufbricht, besser umgehen zu können. Nach einigen Tagen der Stille fühlen sie sich wieder gestärkt für den Alltag. Sie haben aus ihrer inneren Quelle getrunken.

Die Erfahrung der Natur

Für viele ist die Natur eine wichtige Quelle, aus der sie schöpfen. Wenn sie durch einen Wald wandern, fühlen sie sich nachher erfrischt. Oder sie setzen sich ins Grüne und schauen einfach in die Landschaft, hören den Vögeln zu, spüren den Wind und lassen sich von der Sonne bescheinen. In der Natur dürfen wir einfach sein, wie wir sind. Da müssen wir nichts leisten und werden nicht beurteilt. Da sind wir geborgen. Wir sind Teil der Schöpfung. Wir fühlen uns eins mit ihr, haben teil an der Kraft, die in ihr ist, und an dem Geist, der sie durchdringt. In der Natur kann ich spüren, dass das Leben, das ich überall wahrnehme, auch in mich einfließt. Ich werde lebendig und fühle neue Kraft in mir.

Viele Menschen erzählen mir, dass Tiere für sie eine wichtige Quelle sind, aus der sie Kraft schöpfen. Eine Frau ist dankbar für ihren Hund. Er zwingt sie, dass sie täglich zweimal nach draußen geht und einen Spaziergang macht. Und wenn sie Kummer hat, findet sie bei ihm Trost. Denn er urteilt und bewertet nicht. Er ist einfach bei ihr. Andere erleben ihr Pferd in ähnlicher Weise: Wenn sie es streicheln und füttern und wenn sie auf ihm reiten, haben sie teil an seiner vitalen Kraft. Da erfahren sie Weite und Freiheit, Verbundenheit und ein ganz elementares Verstehen. Eine Frau, die auf einem Bauernhof aufgewachsen war, erzählte mir, dass sie als Kind nach der Schule immer erst in den Stall ging, um den Kühen zu erzählen, was war. Sie hatte den Eindruck: die hörten zu, wenn sie ihnen etwas sagte. Da fühlte sie sich geborgen und verstanden. Es war für sie eine wichtige Möglichkeit, nach der für sie so anstrengenden und energieraubenden Schule wieder neu Kraft zu schöpfen.

Gerade aktive Menschen erfahren ihre Quelle eher im Wandern als im stillen Sitzen. Wenn sie auf einen Berg steigen, kommen sie mit ihrer Energie in Berührung. Wenn sie vorher noch so erschöpft waren, noch so frustriert von der Arbeit, so bringt sie das Wandern wieder mit ihrer inneren Quelle in Berührung. Sie schwitzen vielleicht beim Bergsteigen und fühlen sich müde. Doch trotz der Anstrengung erleben sie eine innere Frische. Neue Kraft strömt in sie ein. Die Sorgen des Alltags sind wie weg gewischt. Der Kopf ist wieder frei. Andere fahren nach der Arbeit mit dem Fahrrad durch die Gegend. Dabei können sie sich frei treten von allem, was sie belastet. Sie genießen die Landschaft mit ihrer Weite und spüren, wie das Herz davon weit wird. Ein Mann erzählte mir, dass das Radfahren für ihn bereits in seiner Kindheit der Inbegriff von Freiheit war. Da hatte er den Eindruck, dass er selbst das Leben in die Hand nahm. Er konnte das Rad selbst lenken und wurde nicht mehr hin und her geschoben von seiner Mutter und von seinem Großvater. Daran knüpft er noch heute an.

Viele sind schon als Kinder bewusst in die Natur hinausgegangen, um Abstand zu bekommen von den Eltern und ihren Erwartungen und Beurteilungen. In der Natur wollte niemand etwas von ihnen. Da konnten sie tun und lassen, was sie wollten. Wenn sie heute als Erwachsene wandern, dann steigt dieses Gefühl von Freiheit und Geborgenheit wieder in ihnen auf. Eine Frau erzählte mir, wie sie als Kind stundenlang nur auf der Wiese sitzen konnte und sich eins fühlte mit dem Leben um sie herum, mit den Blumen, den Insekten, den Vögeln, dem Wind. Sie wusste sich von der Erde getragen. Sie konnte sich einfach fallen lassen und sich der Erde anvertrauen. Auf der Wiese liegend schaute sie in den Himmel, wie die Wolken ständig ihre Formen veränderten. Das war für sie der Himmel auf Erden. Wenn sie heute in die Natur geht, sucht sie sich solche Plätze aus, auf denen sie nur schauen, riechen, tasten und hören kann. Das genügt ihr. Es ist wie damals in der Kindheit. In der Erinnerung an die Erfahrung von Geborgenheit und Freiheit und Weite fühlt sie, dass das Leben, das sie umgibt, wieder in sie einströmt. Der Geist, der die Schöpfung durchdringt, fließt auch in ihr. Es ist der Geist Gottes, der sich gerade in der Natur als unermesslich erweist und ihr wieder neue Kraft schenkt.

Die Erfahrungen, die wir in der Natur machen, beim Wandern, beim Radfahren, beim Liegen auf der Wiese, sind deshalb so heilsam für uns, weil sie uns mit wichtigen Erlebnissen in der Kindheit in Berührung bringen und weil sie uns neu und intensiv bewusst machen: In der Schöpfung Gottes ahnen wir etwas von der unerschöpflichen Fülle des Lebens, an der wir teilhaben dürfen. Da können wir uns nie satt sehen. Die Natur ist eine Einladung, immer wieder aus der Quelle des Lebens zu trinken.

5. Biblische Bilder

In der Bibel spielt das Bild der Quelle eine wichtige Rolle. Gemeint ist damit letztlich immer eine intensive Erfahrung: Wenn der Mensch Gott begegnet und ihn in seinem Geheimnis erfährt, entspringt in ihm eine Quelle. Er selbst wird für den Menschen zur Quelle. So sagt ein Psalm von Gott: „Bei dir ist die Quelle des Lebens." (Ps 36,10) Gott, so heißt es in einem anderen Bild, tränkt die Menschen mit dem Strom seiner Wonnen. (Ps 36,9) Gott lässt in den Tälern Quellen hervorsprudeln (Ps 104,10) Und dem Menschen hat er die Sehnsucht nach der frischen Quelle der göttlichen Liebe ins Herz gelegt. Wie der Hirsch lechzt nach der Quelle frischen Wassers, „so lechzt meine Seele, Gott, nach dir". (Ps 42,2) Und Gott verwandelt im Menschen das Harte und Verhärtete „zu quellendem Wasser" (Ps 114,8). Der Beter erfährt Gott als Quelle, die ihn erfrischt und belebt und die das harte Herz zum Strömen bringt. Wie man sich nach langer Wanderung nach einer frischen Quelle sehnt, so sehnt sich der Fromme nach Gott. Gotteserfahrung ist wie eine Quelle, aus der man trinken kann, um sich auf seinem Weg durch die Wüste dieser Welt zu stärken. Im Psalm 87 singt der Beter: „All meine Quellen entspringen in dir." (Ps 87,7) Gemeint ist damit Jerusalem. Doch ein modernes Lied deutet diese Stelle auf Gott: „Alle meine Quellen entspringen in dir, in dir, mein guter Gott." Solche Worte drücken eine Erfahrung aus. Gott selbst ist für die Beter zu einer Quelle geworden, aus der sie trinken können. Und wenn sie in Berührung kommen mit dieser göttlichen Quelle, dann wird das Vertrocknete und Verhärtete in ihnen aufgebrochen. Es ist wie bei dem Felsen in der Wüste. Als Mose ihn mit seinem Stab berührte, strömte aus ihm eine lebendige Quelle hervor. So lässt die Begegnung mit Gott aus unserem harten und bitteren Herzen frisches und belebendes Wasser strömen.

Im Buch der Sprichwörter ist die Gottesfurcht eine Quelle des Lebens. (Spr 14,20) Wenn ich Gott ernst nehme, wenn ich mich von Gott betreffen lasse und mit seiner Wirklichkeit rechne, dann schöpfe ich aus einer Quelle, die nie versiegt. In dem biblischen Buch der Sprichwörter hat ein Autor Worte aus einem universalen Weisheitsschatz gesammelt. Ein wichtiges Bild ist auch hier das der Quelle, die in verschiedenen Zusammenhängen gesehen wird: „Die Lehre des Weisen ist ein Lebensquell, um den Schlingen des Todes zu entgehen." (Spr 13,14) Doch die Quelle des Lebens liegt auch im Verstand des Menschen. (Spr 16,22) Und manchmal sind Worte, die aus dem Mund eines Menschen kommen, „ein sprudelnder Bach, eine Quelle der Weisheit". (Spr 18,4) Umgekehrt wird ein gerechter Mensch, der vor dem Frevler wankt, „ein getrübter Brunnen, ein verschütteter Quell" (Spr 25,26) Die Erfahrung, die hier angesprochen wird, können wir heute genauso machen wie damals. Manchmal lesen wir ein Buch. Und die Worte werden für uns zu einer Quelle, die uns belebt. Oder jemand sagt uns ein Wort, das uns ins Herz fällt und dort die Quelle zum Sprudeln bringt, die in uns liegt, oft genug aber verschüttet ist. Wenn wir jedoch von unserem wahren Wesen abweichen und uns von anderen verbiegen lassen, dann wird die Quelle in uns verschüttet. Wenn wir durch die Begegnung mit weisen Menschen zur Weisheit gelangen, dann finden wir in uns eine Leben spendende Quelle.

Im Hohenlied nennt der Bräutigam seine Braut einen versiegelten Quell (Hld 4,12). Und er preist sie im Bild der Quelle: „Die Quelle des Gartens bist du, ein Brunnen lebendigen Wassers." (Hld 4,15) Ein geliebter Mensch ist wie eine Quelle, aus der man trinken kann. Diese Erfahrung haben zu allen Zeiten die Dichter in ihren Liebesliedern besungen. Die Frau ist für den Mann eine Quelle der Inspiration, die ihn beflügelt, aber auch eine Quelle der Liebe, die ihn erquickt. Umgekehrt kann auch der Mann für die Frau zu einer Quelle der Klarheit und Orientierung werden und zu einer Quelle, aus der sie Kraft schöpft und Energie für ihren Alltag.

Beim Propheten Jesaja ist die Quelle ein Bild für das Heil, das Gott uns bereitet hat. Uns gilt die Verheißung Gottes: „Ihr werdet Wasser schöpfen voll Freude aus den Quellen des Heils." (Jes 12,3) Und denen, die sich wie eine Wüste fühlen, vertrocknet und erstarrt, verspricht Gott: „In der Wüste brechen Quellen hervor, und Bäche fließen in der Steppe. Der glühende Sand wird zum Teich und das durstige Land zu sprudelnden Quellen." (Jes 35,6f) Es ist ein tröstliches Wort, das Gott uns zuspricht. Jeder von uns erlebt auch Zeiten der Wüste. Aber mitten in unserer Wüste gibt es Quellen und Brunnen, aus denen wir trinken können. Die Verheißung befreit uns von der Fixierung auf das Verdorrte und Vertrocknete in uns. Die Quelle wird aber nicht die ganze Wüste bewässern, sondern nur einen kleinen Umkreis. Wir müssen diese Spannung aushalten: dass wir Wüste sind, in der eine Quelle entspringt. Oft genug fühlen wir uns ausgedorrt wie die Wüste. Alles in uns ist öd und leer. Und doch sollten wir daran glauben, dass mitten in unserer Wüste eine Quelle entspringt. Das relativiert die Wüste.

Gott verwandelt durch seinen Geist unser hartes Herz zu einer lebendigen Quelle. Und er führt uns voll Erbarmen zu den Quellen seines Heils. (Vgl. Jes 49,10) Beim Propheten Jeremia nennt Gott sich selbst eine Quelle lebendigen Wassers. Doch die Menschen verschmähen diese Quelle. Sie haben sich lieber Zisternen mit Rissen gegraben, die das Wasser nicht halten können. (Jer 2,13) Gott droht dem Volk Unheil an, weil es ihn verlassen hat. Und als Bild des Unheils benutzt der Prophet Hosea das der Quellen, die vertrocknen. (Hos 13,15) Wie zur Zeit des Propheten Hosea verkünden auch heute falsche Propheten Quellen, die schnell austrocknen. Sie preisen uns Wege an, wie wir glücklich werden können. Doch wenn die Anfangseuphorie des neuen Weges verflogen ist, entpuppt sich die verheißene Quelle als Zisterne mit Rissen, aus denen das Wasser entweicht.

Der Prophet Ezechiel sieht in einer Vision eine Tempelquelle, die unter der Schwelle des Tempels hervorströmt und so reichlich Wasser spendet, dass ein großer Strom entsteht, der sich ins Meer ergießt. Das Wasser aus der Tempelquelle macht das salzige Meerwasser gesund. „Wohin der Fluss gelangt, da werden alle Lebewesen, alles, was sich regt, leben können, und sehr viele Fische wird es geben. Weil dieses Wasser dort hinkommt, werden die Fluten gesund; wohin der Fluss kommt, dort bleibt alles am Leben." (Ez 47,9) Die Kirchenväter haben diese Vision auf die Seite Jesu gedeutet, aus der beim Tod am Kreuz Blut und Wasser strömen. Jesus ist der wahre Tempel. Das Wasser, das aus der Quelle seines Herzens fließt, macht unser verwundetes Leben heil und gesund und schenkt uns die Fülle des Lebens.

Im letzten Buch des Neuen Testamentes, im Buch der Offenbarung, wird das Heil, das Christus uns schenkt, mit dem Bild der Quelle beschrieben. „Das Lamm in der Mitte vor dem Thron wird sie weiden und zu den Quellen führen, aus denen das Wasser des Lebens strömt." (Offb 7,17) Christus selbst wird uns zu den Quellen leiten, aus denen wir das Wasser trinken dürfen, das uns lebendig macht. In der Schlussvision lädt uns Christus, der auf dem Thron sitzt, ein: „Wer durstig ist, den werde ich umsonst aus der Quelle trinken lassen, aus der das Wasser des Lebens strömt." (Offb 21,6)

Die verschiedenen Bibelstellen, die ich hier aufgeführt habe, laden dich ein, sie zu meditieren und zu verinnerlichen. Wenn du die biblischen Bilder der Quelle in dich eindringen lässt, wirst du in Berührung kommen mit der inneren Quelle. Es ist immer eine heilende und erfrischende, eine belebende und befruchtende Quelle. Wir brauchen die biblischen Worte, damit sie uns an die inneren Quellen erinnern und sie wieder neu in uns zum Strömen bringen. Für die Bibel ist Gott die eigentliche Quelle, aus der wir schöpfen. Wenn wir aus dieser göttlichen Quelle trinken, werden wir heil und gesund. Wenn wir aus trüben Quellen trinken, werden wir krank. Wenn unsere inneren Quellen verschüttet sind, wird unser Leben unfruchtbar. Wir erstarren. Es strömt nichts mehr in uns. Das Wasser des Lebens ist frisches und erfrischendes Wasser, nicht abgestandenes und schal gewordenes, wie es in den Zisternen aufbewahrt wird. Gott ist immer ein lebendiger Gott. Und Gott bleibt für uns nur lebendig, wenn wir seine Quelle strömen lassen, wenn wir aus ihr trinken, um selbst zu einer Quelle für andere zu werden.

6. Quellen, aus denen ich schöpfe

Bei Kursen werde ich oft gefragt, aus welchen Quellen ich selber schöpfe. Wenn die Leute mitbekommen, was meine Tätigkeit im Kloster ist und was ich nach außen wirke, meinen sie immer, das sei zuviel. Ich habe aber persönlich nicht das Gefühl, dass ich überfordert oder gestresst bin. Ich weiß, dass das nicht mein Verdienst ist. Wenn ich mir heute Rechenschaft darüber ablege, aus welchen Quellen ich in all den Jahren geschöpft habe und heute noch schöpfe, kann ich nur dankbar zurückschauen auf das, was mir geschenkt worden ist durch meine Eltern, durch meine Mitbrüder, durch Freunde und Freundinnen und letztlich durch Gott. Er ist und bleibt die eigentliche Quelle meines Lebens.

Ich bin dankbar für meine Kindheit. Die Begleitung vieler Menschen, die mir von ihrer nicht immer einfachen Kindheit erzählt haben, lässt mich umso dankbarer auf die Zeit und die Umstände zurückblicken, in der ich aufwachsen durfte. Wir waren sieben Kinder. Da war immer etwas los, und ich habe mich nie allein gefühlt. Mein Vater war ein tief religiöser Mann. Aber er hat auch sein Leben bewältigt. Es gehörte Mut dazu, als junger Mann einfach vom Ruhrgebiet nach Bayern zu ziehen, nur weil es ihn geärgert hat, dass er am katholischen Feiertag „Dreikönig" arbeiten musste. Unter großen Schwierigkeiten baute er in der neuen Umgebung ein eigenes Geschäft auf, ohne darin aufzugehen. All die Jahre hat er sich immer auch viel Zeit für uns Kinder genommen. Er hat uns auf seine Art und Weise eingeführt in das Geheimnis des Lebens.

Meine Mutter war eher praktisch veranlagt. Sie hat den Haushalt organisiert und das konkrete Leben mit uns Kindern geregelt. Auch sie stand fest im Glauben, war aber nie dogmatisch oder eng. Als mein Vater 1971 – kurz vor meiner Priesterweihe – starb, hat meine Mutter nochmals einen großen inneren Reifungsschritt getan. Im Alter war sie trotz ihrer Sehbehinderung immer lebensfroh. Sie traute ihrem Gespür und ihrem weiten Herzen. Und obwohl sie fest in der Kirche stand, sagte sie auch, was für sie an römischen Erlassen nicht stimmte. Unsere Eltern haben uns also ein festes Fundament gegeben. Natürlich waren auch sie nicht fehlerlos. Aber auch wenn wir als Kinder ihre Grenzen erfahren haben – es waren keine bedrohlichen Grenzen, die uns Angst machten. Sie haben uns viel gegeben, aber sicher nicht alles, was wir gebraucht hätten. Und so blieben durchaus Defizite, die mir bei meiner ersten Beschäftigung mit der Psychologie schmerzlich ins Bewusstsein kamen. Da spürte ich, dass ich nicht die Zärtlichkeit erfahren habe, die ich mir erwünscht hätte. Dass jeder von uns von den Eltern angenommen und geliebt wurde, war klar, auch wenn es körperlich kaum ausgedrückt wurde. Insgesamt habe ich jedoch das Gefühl, dass die Kindheit eine wichtige Quelle ist, aus der ich schöpfen kann.

Als Kind hatte ich immer verrückte Ideen. Eines Tages wollte ich einen Fischteich bauen. Von einem Baumeister erbettelte ich einen Zementsack. Dann grub ich recht phantasievoll einen Graben um eine Insel aus. Aus Zement und Sand machte ich einen Mörtel und bestrich damit die Wände. Die Fische und Pflanzen holte ich aus einem nahe gelegenen Baggersee. Neben dem Fischteich stellte ich eine Tafel auf:

„Betreten der Insel: 10 Pfennige." Offensichtlich steckte schon damals eine kreative Art in mir, zu Geld zu kommen. Im Kloster wollte ich diese Neigung eigentlich begraben. Sie passte nicht zu meinem Idealbild des Mönches. Doch der Abt drängte mich dazu, sie in den Dienst des Klosters zu stellen. So bin ich immer kreativ mit Geld umgegangen und habe Quellen entdeckt, wie man – ohne Menschen auszupressen – Geld verdienen kann.

Es geht natürlich nicht darum, als Erwachsener die Spiele der Kindheit fortzusetzen. Aber ich kann darin ein Bild sehen für meine innere Quelle. Als Kind wollte ich immer Maurer werden. Wenn ich Maurer geworden wäre, hätte ich sicher viele Fähigkeiten nicht entfalten können. Doch noch heute ist dieses Handwerk für mich ein wichtiges Bild für die Bücher, die ich schreibe. Mit meinem Schreiben möchte ich ein Haus bauen. Wenn die Menschen ein Buch lesen, sollten sie sich verstanden und angenommen fühlen. Wer sich verstanden weiß, kann sich ausruhen, aufatmen. Er wird gestärkt und fühlt sich daheim. Und so kann er nach einer Zeit des Verweilens und des inneren Gesprächs mit den angebotenen Gedanken und Erfahrungen mit neuer Kraft nach draußen gehen, um selber zu gestalten und an einer menschlicheren Welt mitzubauen. Beim Schreiben spüre ich, wie dieses Bild und die damit ausgedrückte Intention für mich zu einer Quelle wird, aus der die Worte dann einfach fließen. Wenn ich ein anderes Motiv hätte, d. h. wenn ich schreiben würde, um die Erwartungen des Lektors zu erfüllen, um Verkaufserfolg zu haben oder etwas Perfektes zu Papier zu bringen, dann wäre das eine trübe Quelle, die mich bald erschöpfen würde. Das mit dem Bild des Maurers und des Bauens Gemeinte hilft mir, im Schreiben immer wieder etwas zu realisieren, was ich für sinnvoll halte. Es macht mir dann Freude und spendet mir selber Kraft, anstatt Energie zu kosten.

Wir hatten in unserer Kindheit viel Freiraum, in dem wir unsere Phantasie entfalten konnten. Wir erfanden ständig neue Spiele und Streiche und bastelten gerne. Obwohl der äußere Rahmen bescheiden war – es gab einfach eine Sicherheit, auf die wir uns verlassen konnten. Von meinen Eltern habe ich eine Haltung des Vertrauens mitbekommen, dass die Probleme, die mich herausfordern, lösbar sind und dass ich die Zukunft selber mitgestalten kann. Allerdings war das, was andere von uns dachten, durchaus wichtig. Das hat mich eine zeitlang sehr verunsichert. Aber ich nahm auch wahr: Mein Vater lebte das, was er im Innersten spürte. Das gab mir bald die Freiheit, mein eigenes Leben zu leben.

Unser Vater ließ uns gewähren. Wenn wir auf neue Ideen kamen, war er immer stolz darauf und hat sie gefördert. Wenn wir mit 14 oder 16 Jahren mit dem Fahrrad nach Österreich und in die Schweiz fuhren, machte er uns keine Vorschriften. Er hatte Vertrauen, dass wir uns schon richtig verhielten und dass wir heil wieder daheim ankommen würden. Dieses Vertrauen hat mir selber später geholfen, in der Jugendarbeit den jungen Menschen etwas zuzutrauen, ohne Angst, dass etwas schief gehen könnte. Es waren ja große Kurse mit bis zu 300 Teilnehmern. Und es ist tatsächlich immer gut gegangen.

Ich bin dankbar für die Pfarrei, in der ich groß geworden bin. 1947 war unsere Kirche in Lochham die erste, die in der Diözese München nach dem Krieg gebaut wurde. Es war eine einfache Kirche. Aber in ihr habe ich mich immer wohl gefühlt. Und das Leben in der Pfarrei war sehr lebendig. Wir hatten engagierte Pfarrer und Kapläne. Und wir trafen uns mit vielen Jugendlichen. Schon als Kind hatte ich immer eine große Offenheit für feierliche Gottesdienste, etwa an Weihnachten, an Ostern oder Fronleichnam. Irgendetwas in meiner Seele wurde da tief berührt. Gerne erinnere ich mich an die Maiandachten mit den schönen Marienliedern und dem Blütenduft in der Kirche. Da kam etwas Zärtliches in die Kirche. Ich spürte Geborgenheit und Liebe in der Art, wie wir die Andacht feierten.

Dankbar bin ich auch für die Schule, die ich erlebt habe. In der Volksschule machte mir das Lernen Freude. Es war mehr etwas Spielerisches als ein großer Leistungsdruck. Schon mit 10 Jahren kam ich ins Internat nach St. Ludwig in der Nähe von Münsterschwarzach, 300 km von daheim entfernt. Es fiel mir zwar immer schwer, von zuhause wieder ins Internat zu fahren. Aber auch in diesem Internat erlebte ich gute Lehrer, die mir vor allem beibrachten, wie ich gut und effektiv lernen konnte. Und sie haben mein Interesse für vieles geweckt, für Mathematik, für die Sprachen und für die Musik. Meine Mutter war sehr musikalisch, mein Vater nicht. So fühlte ich mich im Musikunterricht eher schwach. Aber als ich mit 14 Jahren Cello lernte, hat mich die Musik gepackt. Pater Otto, der mir das Cellospielen beibrachte, zeigte mir, wie ich in der Pubertät meine Stimme formen konnte. Er war selber kein Perfektionist. Aber er hatte ein gutes Gespür für die Fähigkeiten und Grenzen der Schüler. Seit diese Liebe zur Musik in mir geweckt wurde, ist die Musik eine wichtige Quelle geblieben, aus der ich schöpfe. Gerne nehme ich mir Zeit, Bachkantaten zu hören, oft mit Kopfhörer, um mich ganz dem Hören zu überlassen. Im Hören einer Bachkantate komme ich mit meiner spirituellen

144

Sehnsucht in Berührung. Die Musik führt mich tief in mein Herz. Dort ahne ich, was mich wirklich trägt und was mich nährt. Aber auch die klassische Musik von Mozart, Beethoven und Haydn berührt mich. Wenn mich manches in der Verwaltung ärgert, dann lege ich manchmal eine CD mit Mozarts Oper „Cosi fan tutte" oder „Die Hochzeit des Figaro" auf. Die erfrischende Musik verscheucht dann den Ärger und mein Herz wird leicht.

Was ich von meinem Vater gelernt und dann später im Internat und in der Schule vertieft habe, war eine klare Disziplin. Ein Sportler kann verlieren, er schimpft nicht, das war seine Einstellung. Er war es auch, der mich lehrte, bei einer Sache zu bleiben. Und so entwickelte ich während der Gymnasialzeit eine eigene Art und Weise zu lernen: niemals zu lange an einem Stück, immer abwechselnd die innere Aufmerksamkeit auf verschiedene Gegenstände steuernd. Diese Art von Zeitdisziplin, die auch einem inneren Rhythmus folgt, ist für mich auch heute eine wichtige Quelle, aus der ich schöpfe. Ich habe nicht den Eindruck, dass ich mich in die Disziplin hinein zwänge. Sie ist vielmehr die Form meines Arbeitens, die meiner Seele entspricht.

Ich habe zwar eine gute Zeitdisziplin, aber keine Ordnung auf meinem Schreibtisch. Auch das habe ich offensichtlich von meinem Vater geerbt. Wenn wir an Weihnachten seinen Schreibtisch brauchten, um den Christbaum und die Krippe drauf zu stellen, räumte die Mutter einfach alles weg. Das war für meinen Vater jedes Jahr ein Problem, weil er dann oft nicht mehr fand, was er suchte. Ich weiß nicht, warum ich das von meinem Vater übernommen habe. Aber das Zimmer in Ordnung bringen, den Schreibtisch aufräumen, das sind

145

Arbeiten, die ich immer verschiebe, bis ich einmal weniger zu tun habe: ein Zeitpunkt, der freilich selten kommt. So bleibt immer viel liegen. Die täglich ankommende Post bearbeite ich normalerweise sofort. Nur wenn mich Briefeschreiber dazu benutzen wollen, für sie Bibliotheksarbeit zu verrichten und geeignete Literatur auszusuchen, oder wenn sie mir ganze Romane zumuten, dann regt sich in mir Protest und ich lasse die Dinge liegen.

Manchmal können Mitbrüder überhaupt nicht verstehen, warum ich mich bei manchen Problemen nicht heftiger ereifre oder keinen lauten Widerspruch anmelde. Aber ich spüre, dass ich da auch etwas von meinem Vater gelernt habe. Es gab Bereiche, in denen er leidenschaftlich kämpfte. Immer wenn er sich vom Staat ungerecht behandelt fühlte, konnte er energisch werden und geharnischte Briefe schreiben. Aber in vielen Dingen blieb er gelassen. Manches war ihm einfach nicht wichtig, weil er aus einer anderen Quelle lebte. Wer manche Probleme als oberflächlich erkennt, den berühren sie auch nicht mehr so stark, dass er sich dafür ereifern könnte. In dieser Hinsicht ist mir mein Vater ein bleibendes Vorbild.

Eine Quelle, die mir der Vater erschlossen hat, ist die Natur. Gerne ist er mit uns Kindern durch den Wald gegangen und hat uns die Vögel und die Bäume erklärt. Abends hat er unsern Blick auf die Sternbilder gelenkt. Für mich ist es heute noch eine wichtige Quelle, aus der ich schöpfe, zu wandern und mich einfach der Natur zu überlassen, zu schauen, zu riechen, zu spüren, zu hören. In der Schöpfung begegne ich dem Schöpfer, der auch mich geschaffen hat. Und ich begegne dem mütterlichen Gott, bei dem ich mich geborgen fühle, umgeben von Liebe, von Lebendigkeit und Zärtlichkeit.

Mein Vater hat mit uns Kindern auch oft gesprochen. Er hat uns aus seinem Leben erzählt, hat uns erklärt, was ihn bewegt und was ihn angetrieben hat, so zu leben, wie er das getan hat. Das Gespräch war immer ein Verweis auf Unbekanntes, Geheimnisvolles. So erlebe ich heute oft Gespräche, die glücken. Da berühren wir etwas, was mich übersteigt. Wir diskutieren nicht einfach über Dinge, wir tauschen nicht unser Wissen aus, sondern wir gelangen sprechend auf eine ganz andere Ebene. Oft erlebe ich gerade Gespräche mit Frauen sehr inspirierend. Da erlebe ich, dass wir uns auf einmal verstehen und über das Gleiche sprechen. Die Gesprächspartnerin lockt etwas in mir hervor, was ich selber so nicht sehen würde. Diese Erfahrung ist nicht nur belebend, sie regt mich an, weiter zu suchen, um den Schlüssel zu finden, der die Tür zum Geheimnis aufschließt.

Leseerfahrungen gehören für mich zu den ganz prägenden Erfahrungen der Kindheit, zumindest wenn ich an meinen Vater denke, der sich jeden Sonntagnachmittag in ein Buch vergrub. Als meine älteste Schwester begann, Karl May zu lesen, fand sie oft ihre Bücher nicht mehr: Der Vater hatte sie genommen, um sie selbst zu lesen. Später bevorzugte er dann religiöse Bücher. Und bis ins hohe Alter las er, weil er wissen wollte, wie andere den Glauben und das Leben sahen und verstanden. Mit 68 Jahren hat er noch Russisch gelernt, weil er von diesem Land und seiner besonderen Mentalität immer fasziniert war. In der Jugend war ich selber kein großer Leser. Da war das Spielen für mich entscheidender. Doch jetzt ist das Lesen für mich eine wichtige Quelle geworden. Manche Bücher fesseln mich. Früher habe ich ganze Bücher exzerpiert. Die wichtigsten Stellen habe ich angestrichen und sie dann auf Zettel geschrieben, die ich zu den verschiedensten

Themen in einen Zettelkasten eingeordnet habe. Heute ist es mir wichtiger, mich in ein Buch zu vertiefen und lesend in eine eigene Welt einzutauchen. Jedes Buch verbreitet eine eigene Atmosphäre. Und ich spüre, allein das Eintauchen in diese Atmosphäre tut mir gut. Ich brauche mich gar nicht unter Druck zu setzen, auch zu verwirklichen, was ich lese. Das Lesen selber bereits – etwa der Schriften der Mystiker und Kirchenväter – verändert mich und meine innere Stimmung. Natürlich gibt es andere Bücher, die ich eingehender studiere und die mir neue Einsichten vermitteln, in denen mir einzelne Sätze wichtig sind.

Auch meiner Mutter, einer durch und durch praktisch veranlagten Frau, verdanke ich wichtige Quellen. In vielem ist sie mir inspirierendes Vorbild bis heute. Sie hat sich den Dingen gestellt und sie – so gut es geht – organisiert und bewältigt. Und sie hat ihr Leben lang eine optimistische Einstellung bewahrt. Auch als sie im Alter kaum mehr sehen konnte, hat sie nicht gejammert, sondern immer das Positive gesehen und die Schwächen mit Humor angenommen. Und sie hat sich geistig fit gehalten. Und sie hatte eine angeborene Weise, andern zuzuhören. Wenn sie bei der Caritassammlung zu den Leuten im Ort ging, nahm sie sich viel Zeit, um mit den Leuten ins Gespräch zu kommen. Sie hatte keine Angst, in ein Haus zu gehen, in der noch die Trauer über einen verstorbenen Menschen die Stimmung prägte. Sie hat einfach zugehört und in einfachen Worten geantwortet, nie belehrend, sondern verstehend und mitfühlend. Sie hatte ein eigenes Gespür, mit den Menschen ins Gespräch zu kommen und aus ihnen herauszulocken, wie es ihnen wirklich ging. Das war nicht Neugier, sondern Interesse am Menschen. Und immer wollte sie den Menschen vermitteln, dass sie sie versteht, für sie betet und dass es einen Weg gibt, mit dem Leid umzugehen.

Heute schöpfe ich vor allem aus der Quelle meines Lebens als Mönch. Die ersten drei Stunden des Tages sind Stunden der Stille, des Gebetes und der Meditation. Da habe ich das Gefühl, dass diese drei Stunden, die Gott gehören, zugleich auch mir gehören. Es sind Stunden, in denen ich bei mir bin, und in denen ich mich für Gott öffne, die eigentliche Quelle meines Lebens. Auch wenn ich viel zu tun habe, sind diese drei Stunden für mich eine geheiligte Zeit, die ich durch nichts stören lasse. Der Rhythmus des Tages mit seinen Gebetszeiten ist für mich ein wichtiges Gerüst, um nicht aus meiner Mitte und aus der Verbindung mit der inneren Quelle zu fallen. Gerade das Singen der Psalmen ist für mich dabei wichtig. Natürlich ist das Singen manchmal auch mühsam, vor allem wenn der Chor den Ton nicht zu halten vermag. Aber normalerweise freue ich mich auf die Vesper, in der wir eine halbe Stunde lang Psalmen singen. Oft erlebe ich das als Luxus, den ich mir gönne, auch wenn es viel zu arbeiten gibt. Aber das Festhalten an den Gebetszeiten relativiert meine Arbeit und zeigt mir auf, worum es eigentlich geht: „damit in allem Gott verherrlicht werde".

Dass der spirituelle Weg des Mönchtums für mich eine wichtige Quelle für mein Leben geworden ist, verdanke ich vielen Mitbrüdern, vor allem meinem Novizenmeister P. Augustin Hahner. Er war ein begnadeter Orgelspieler und Lehrer. Er war nicht der typische Novizenmeister. Er musste sich erst selbst in die monastische Spiritualität hinein lesen. Aber er hat auf eine mich sehr überzeugende Weise sein Mönchtum gelebt. Und er hat in mir die Liebe zur Liturgie, die ich schon als Kind hatte, verstärkt. Wenn er seine Einführungen zu den verschiedenen Festen des Kirchenjahres gab, dann referierte er nicht über die Theologie des Festes, sondern erzählte von eigenen Erfahrungen. Mich hat sehr berührt, als er uns in das Allerheiligenfest einführte. Er erzählte, wie er als Soldat im Feld daran dachte, dass jetzt seine Mitbrüder die erste Vesper zu diesem Fest sangen mit der Antiphon: „Vidi turbam magnam = Ich sah eine große Schar, die niemand zählen konnte." Diese persönliche Hinführung fällt mir jedes Mal wieder ein, wenn ich selbst diese Antiphon singe. In einer solchen Sicht öffnet sich der Himmel über den Schlachtfeldern dieser Welt und über meinen persönlichen Kämpfen. Die Sorgen und Probleme, die mich umtreiben, relativieren sich.

Auch die tägliche Eucharistiefeier ist eine wichtige Quelle für mich. Natürlich bin ich manchmal auch zerstreut oder mit meinen eigenen Gedanken und Problemen beschäftigt. Aber wenn ich mich einlasse auf die Eucharistie, dann erfahre ich sie als den Ort, an dem alles in mir verwandelt und umgedeutet wird. Der Tod, das Starre, das Dunkle wird zum Ort der Auferstehung, des Lichtes und der Hoffnung. In der Epiklese halte ich meine Hände über die Gaben von Brot und Wein, über meinen Alltag, und erflehe den Heiligen Geist, dass er ihn verwandle, dass dort, wo ich mich täglich abmühe, die Quelle des Heiligen Geistes strömen möge. Die Kommunion ist für mich die intensivste Begegnung mit Jesus Christus. Ich stelle mir vor, wie Christus – und mit ihm sein Geist – in mich eindringt. Und dieser Geist Jesu ist die Quelle, aus der ich dann tagsüber schöpfe. In der Kommunion wird mir bewusst, worauf es in meinem Leben ankommt: nicht darauf, was ich schaffe, sondern darauf, dass ich durchlässig werde für Jesus Christus und seinen Geist. Ich bitte Jesus dann darum, dass er seinen Geist in meine Worte und meine Taten dringen lasse. Das gibt meinem Leben einen anderen Geschmack. Und es entlastet mich gleichzeitig auch von dem Druck, den ich mir selbst manchmal mache, dass ich nur Freundlichkeit und Gelassenheit ausstrahlen möchte.

Wenn ich Besprechungen abzuhalten habe, von denen ich weiß, dass sie nicht so einfach werden, dann bete ich kurz darum, dass ich durchlässig bin für den Geist Gottes. Ich versuche, mich an die Erfahrung der Eucharistiefeier zu erinnern. Das schützt mich davor, von den Emotionen anderer infiziert zu werden und nur darauf zu reagieren. Es macht mich sensibler den Gesprächspartnern gegenüber. Ich werde frei von dem Druck, die anderen überzeugen oder meine Meinung durchsetzen zu müssen. Ich lasse mich ein und vertraue, dass da noch ein anderer Geist unter uns weht. Früher war ich oft auf die Probleme fixiert, die in den Besprechungen anstanden. Sie lasteten oft wie ein Fels auf mir und kosteten viel Kraft. Wenn ich mitten im Alltag aus der Quelle der Eucharistie lebe, verwandelt er sich und wird weniger anstrengend für mich.

Ich bin dankbar für alle die Quellen, aus denen ich täglich schöpfen darf. Meine Eltern, meine Lehrer und Erzieher und meine Mitbrüder haben mich auf sie hingewiesen. Ich weiß, dass sie nicht mein Verdienst sind, sondern Geschenk Gottes, das ich vor allem dadurch achte, dass ich aus diesen Quellen auch trinke. Ich habe sie hier erzählt, damit der Leser sein eigenes Leben bedenkt und nach den Quellen sucht, die Gott ihm in seiner Lebensgeschichte geschenkt hat.

7. Suche deine eigenen Quellen

Niemand kann einfach das Leben eines anderen kopieren. Jeder muss seine eigenen Ressourcen entdecken. Auch du, liebe Leserin, lieber Leser, bist dazu aufgefordert, deine eigenen Quellen zu finden. Sei achtsam auf alles, was dein eigenes Leben fördert und stärkt. Mach dich auf die Suche – und fange bei der Suche in der Kindheit an:

Wo ist bei dir als Kind Energie geströmt? Wo konntest du dich stundenlang vergessen? Wohin hast du dich als Kind zurückgezogen? Was hast du am liebsten gespielt? Wofür hast du dich begeistern können? Und wofür hast du deine Kraft eingesetzt?

Und was haben dir deine Eltern als Quellen geschenkt? Was hast du von deinem Vater und von deiner Mutter gelernt? Wie hat dein Vater sein Leben bewältigt? Woraus hat deine Mutter gelebt? Welche Wurzeln verdankst du deinem Vater und welche deiner Mutter? Spürst du die gesunden Wurzeln deiner Eltern und Großeltern, aus denen der Baum deines Lebens wächst? Oder hast du den Eindruck, dass die Wurzeln beschädigt oder gar vergiftet sind? Wo hast du dich dann eingewurzelt, um leben zu können?

Wenn du diesen Fragen nachgehst, dann traue deinem Gefühl. Manche tun sich schwer, in der Kindheit nach Situationen zu suchen, in denen sie ganz sie selber waren, im Einklang mit sich, glücklich und zufrieden. Aber sobald du anfängst, dich

an deine Kindheit zu erinnern, werden irgendwann Bilder auftauchen, die dir zeigen, was deine Vorlieben waren und wo du
dich als Kind am meisten gespürt hast. Eine Hilfe ist dabei,
deine Kinderbilder anzuschauen. Traue dem unbeschwerten
Lachen, das dir in diesen Bildern entgegen kommt. Da warst
du ganz du selbst. In diesen Bildern begegnest du möglicherweise Seiten in dir, die heute verschüttet sind, die aber wieder
ausgegraben werden möchten.

Eine Quelle will fließen. Du kannst das Wasser der Quelle
nicht allein für dich behalten. Es bleibt nur frisch und erfrischend, wenn es strömt. Sonst wird es schal und verliert seine
Kraft. Die Quelle will in dir strömen, aber auch von dir weg
auf andere hin. Wo fließt heute Energie bei dir? Dort, wo das
Leben in dir strömt, bist du in Berührung mit dem Grund
deines Lebens. Vielleicht hast du den Eindruck, dass das Leben momentan eher stockt. Dann stelle dir vor, wohin deine
Energie strömen möchte. Was würde dich lebendig machen?
Ist es ein schöner Urlaub in einem fremden Land? Oder eine
Arbeit, für die du dich gerne engagieren würdest? Oder eher
ein kreatives Tun?

Träume einfach einmal vor dich hin, was du gerne tun würdest.
Und entwerte deine Träume nicht gleich durch das Argument,
dass sie sowieso unrealistisch sind. Beim Träumen ist es wichtig, Wunschbilder zuzulassen, ohne gleich nach der konkreten
Verwirklichung zu fragen. Erst im zweiten Schritt sollst du dir
überlegen, wie du das konkret umsetzen kannst. Ist es möglich,
deine Träume in deinem jetzigen Beruf wahr werden zu lassen?
Oder musst du dir eine andere Arbeit suchen? Ist der Traum
vielleicht ein Bild für das, was du gerade tust? Dann könnte
das Bild dir schon helfen, die Energie in dir wieder zum Flie-

ßen zu bringen. Du hättest für deine Arbeit oder für deinen Beruf ein Bild, das dich motiviert. Ein solches Bild gibt deinem Tun einen Sinn und es schenkt dir neue Freude daran. Es bringt etwas in dir in Bewegung.

Und sieh dein Leben genauer an: Von Zeit zu Zeit sollten wir unsere Arbeit und unsere Situation in der Familie oder in der Gemeinschaft bedenken und uns fragen, ob das alles noch stimmt. Was zur leeren Routine geworden ist, raubt uns Energie. Wir arbeiten und leben zwar einigermaßen so weiter wie bisher. Aber wir haben keinen inneren Schwung mehr, kein Feuer, keine Begeisterung. Es gibt Tätigkeiten, aus denen uns Energie zufließt, und andere, die uns Kraft rauben. Du kannst alles, was du in deiner Arbeit und in deinem Alltag tust, danach einteilen, ob es Energiespender oder Energieräuber sind. Wenn du das einmal getan hast, dann wirst du erkennen, wo du mit deiner inneren Quelle in Berührung bist und wo nicht. Niemand wird sich nur auf Tätigkeiten beschränken können, in denen seine Energie fließt. Leben besteht im Alltag auch aus Routine und aus Widerständen. Aber du kannst dich fragen, ob das, was dir die Energie raubt, wirklich notwendig ist. Wenn es unbedingt von dir getan werden muss, dann musst du allerdings nach einer Motivation suchen, auch diese einfachen oder diese unangenehmen Arbeiten zu tun.

Frage dich immer, was deine ganz persönliche Sendung sein könnte. Versuche, den Sinn in deinem Leben zu beschreiben. Er ist der entscheidende Grund für das Strömen der inneren Quelle. Wir leben nicht nur für uns. Der Sinn unseres Lebens besteht nicht darin, dass es uns gut geht und wir uns wohl fühlen. Das würde zu einem unfruchtbaren Kreisen um uns selbst führen. Natürlich ist die Frage nach dem eigenen

Wohlbefinden wichtig. Wir sollen nicht gegen unsere Natur arbeiten. Und wir sollen bei allem Engagement nach außen natürlich auch für uns selber sorgen. Die spirituelle Tradition sagt uns auch immer wieder: Achte auf deine eigene Seele. Das meint keine narzisstische Selbstfixierung. Denn wirklich wohl fühlen wir uns nur, wenn die Quelle aus uns heraus fließt und auch anderen in ihrem Leben hilfreich wird. Ich kenne Menschen, die immer nur nach dem suchen, was ihnen selber weiter hilft, was ihnen etwas „bringt". Sie machen aus diesem Antrieb heraus zum Beispiel ständig neue Fortbildungen und zusätzliche Ausbildungen. Aber manchmal habe ich den Eindruck, dass all diese Aktivitäten nur Ersatzfunktion haben. In der Betriebswirtschaft spricht man von input und output. Manche verschlucken sich vor lauter input. Sie nehmen immer mehr in sich auf, aber es kommt nichts dabei „heraus". Es fließt nichts weiter. Gib also weiter, was du hast. Bring deine Fähigkeit auch nach außen. Vertraue deiner eigenen Kompetenz, entdecke deine eigenen Möglichkeiten und lass auch andere daran teilhaben. Dann kann das, was deine Quelle an Leben bringt, auch anderen hilfreich sein.

Frag dich, wie du für andere zum Segen werden kannst. Der biblische Begriff der Sendung ist auch für dein eigenes Leben wichtig. Wir sind in diese Welt gesandt, um einen Auftrag zu erfüllen. Der ursprüngliche Auftrag, den Gott Adam und Eva gab, lautete: „Seid fruchtbar!" (Gen 1,28) Das meint nicht nur, dass sie Kinder bekommen sollen, sondern auch, dass ihr Leben Frucht bringt für die Erde und für die Menschheit. Am Beginn der Heilsgeschichte gibt Gott dem Abraham den Auftrag und zugleich die Verheißung: „Ein Segen sollst du sein." (Gen 12,2) Unsere Aufgabe ist es, füreinander zum Segen zu werden. Jeder wird diesen Auftrag auf seine persönliche Weise erfüllen. Der eine wird zum Segen für die Menschheit, weil er eine wichtige Erfindung macht, der andere, weil er als Staatsmann zum Wohl seines Landes beiträgt, und der dritte, weil er ein Werk schafft, das bleibenden Wert hat. Aber nicht nur Tun und Leistung und Nutzen sind gemeint. Manche werden zum Segen allein durch ihr Dasein, durch ihre persönliche Ausstrahlung. Ein Mann, der oft von depressiven Stimmungen heimgesucht wurde, erzählte mir, wie wohltuend es für ihn war, als ihn eine freundliche Verkäuferin beim Einkaufen in einem kleinen Laden ansprach und sich auf einmal ein wunderbares Gespräch ergab. Jeder hat seine persönliche Ausstrahlung, auch du. Jeder kann zum Licht für das Dunkel eines anderen werden. Jeder begegnet täglich anderen Menschen und hinterlässt dabei seine persönliche Lebensspur. Diese Spur kann ganz verschieden geprägt sein: unzufrieden und zornig, – oder aber freundlich, milde, ermutigend, erfrischend, befreiend. Entscheide dich für die positive Möglichkeit. Sie wird dir und anderen gut tun. Vergleiche dich nicht mit andern und komm nicht in Versuchung, dich selbst zu entwerten, weil andere Größeres leisten. Frag dich nicht immer nur nach deiner Leistung. Wichtig ist etwas anderes: Was vermittelst du an Lebendigkeit und Sinn in diese Welt hinein? Welche „Lebensspur" gräbst du mit allem, was du machst und bist?

Vielleicht kann auch für dich eine Übung sein, was ich manchmal in der Begleitung als Aufgabe gebe. Stell dir vor: Kurz vor deinem Tod schreibst du an einen Freund oder eine Freundin, was du mit deinem Leben sagen und mitteilen wolltest. Dabei geht es nicht um irgendwelche Lehren, sondern um die Frage, was du mit deiner persönlichen Existenz zum Ausdruck bringen möchtest. Wofür möchtest du Zeugnis ablegen? Nur für dich oder für etwas Größeres: für die

Liebe, für den barmherzigen Gott? Was können Menschen an dir und deinem Leben ablesen? Was ist die Botschaft, die du andern sagen möchtest? Was sollen die Menschen nach deinem Tod von dir sagen? Welchen Geschmack möchtest du bei den Menschen hinterlassen? Welche Bilder vom Leben möchtest du in die Herzen der Menschen einprägen? Auch wenn unsere Motive natürlich immer vielschichtig und nie auf eines zu reduzieren sind: Es ist wichtig, dir überhaupt darüber Rechenschaft abzulegen, was die tiefste Triebfeder deines Lebens ist. Warum tust du es dir jeden Morgen an, aufzustehen? Ist es nur Routine, weil es halt so sein muss, weil du dein Geld verdienen musst? Oder hast du eine tiefere Motivation? Was möchtest du letztlich mit deinem Leben vermitteln?

Du brauchst für dein Leben ein Bild. Dann beginnt in dir die Quelle zu fließen.

Wenn du nach deiner Sendung fragst, dann heißt das nicht: Ich muss die ganze Welt verändern. Aber jeder, und so auch du, prägt diese Welt mit durch seine persönliche Ausstrahlung, durch die Worte, die er spricht, durch die Stimmung, die er verbreitet, durch die Gedanken und Gefühle, die von ihm ausgehen. Wir sind nicht verantwortlich für die ganze Welt. Aber wir sind verantwortlich für die Welt um uns herum. Was von uns ausgeht, ist wie ein Stein, der ins Wasser geworfen wird und Kreise zieht. Eine Frau sagte mir: „Was soll ich denn für diese Welt tun? Ich bin depressiv und habe genügend zu kämpfen, mit meiner Depression einigermaßen zurechtzukommen." Ich habe ihr geantwortet: „Sie sollen sich nicht unter Druck setzen, dass Sie für diese Welt etwas leisten müssen. Und Sie müssen die Welt auch nicht mit Fröhlichkeit erfüllen. Ihre ganz persönliche Aufgabe ist es, sich mit Ihrer Depression auszusöhnen. Dann werden Sie durch ihre Krankheit hindurch Milde und Hoffnung ausstrahlen in diese Welt. Dann wird die Welt gerade durch Sie heller und heiler. Die Alternative ist: Sie können den Menschen in Ihrer Umgebung ständig vorwerfen, dass sie kein Verständnis für Sie haben, dass sie schuld seien an Ihrer Depression. Dann werden Sie Schuldgefühle und Unzufriedenheit verbreiten."

Jeder von uns ist dafür verantwortlich, wie er mit dem umgeht, was ihm widerfährt. Diese Verantwortung trägst auch du. Du kannst dich in deinem Leben mit dem Schweren aussöhnen, das dir begegnet ist und es dadurch verwandeln. Oder aber du kannst bitter werden. Doch wenn wir bitter sind, geht von uns Bitterkeit aus, wenn es in uns dunkel ist, wird die Welt um uns herum verdunkelt. Deine Sendung ist, die Welt heller zu machen.

Stell dich vor allem in kritischen Situationen der Entscheidung immer wieder ganz bewusst der Frage nach deiner Sendung. Sendung gibt unserem Leben Sinn. Das deutsche Wort Sendung hat die gleiche Wurzel wie Sinn. Es hat mit „reisen" zu tun. Diese Sendung schickt dich auf die Reise. Und auf der Reise entdeckst du die Richtung, die dich zum Ziel führt. Die Sendung lässt die Quelle in dir sprudeln. Und sie führt dich aus unfruchtbarer Selbstbeschränkung und aus Isolation. Das Fließen des Lebens ist die eigentliche Bedingung dafür, dass du dich selber wirklich wohlfühlst. Wenn dein Leben für andere zum Segen wird, wirst du von denen, denen du etwas gibst, selbst beschenkt werden und viel an Dankbarkeit zurückbekommen. Wir geben nicht, weil wir die Dankbarkeit oder die Zuwendung der anderen brauchen, sondern weil wir uns von innen her gedrängt fühlen. Aber gerade so wird es ein

Hin- und Herströmen werden, das dich lebendig hält und Leben weckt in den Menschen um dich herum. Das wird dich auf Dauer mit Freude und Dankbarkeit erfüllen. Höre also auf deine eigenen Gefühle. Sobald du dich erschöpft oder bitter oder ausgenutzt fühlst, wenn du empfindlich und gereizt bist, ist das ein Zeichen, dass du in deinem Sendungsauftrag nicht aus der klaren Quelle des Heiligen Geistes schöpfst, sondern dass sich da andere Motive hinein gemischt haben: Ehrgeiz, das Gefühl, etwas Besonderes zu sein, und das Bestreben, sich über andere zu stellen. Bleibe immer ehrlich dir selber gegenüber und übe dich in der Unterscheidung der Geister, damit du im Einsatz für andere aus der inneren Quelle schöpfst, die nie versiegt, weil sie göttlich ist.

Ich wünsche dir, lieber Leser, liebe Leserin, dass du bei dieser Suche nach deinen eigenen Quellen fündig wirst.

Ich wünsche dir, dass du durch das Lesen dieser Zeilen die trüben Quellen in dir selber genauer erkennst und durch sie hindurch tiefer in den Grund deiner Seele gräbst, um dort die reine und klare Quelle des Heiligen Geistes zu entdecken, die erfrischt und belebt, stärkt und reinigt und die eine Frucht aufblühen lässt, an der sich viele freuen dürfen.

Die Bilder von den trüben und klaren Quellen, von den Quellen in unserer Kindheit und von der Quelle des Heiligen Geistes, die auf dem Grund deiner Seele entspringt, mögen dir helfen, dein eigenes Leben fruchtbar werden zu lassen: damit von dir Lebendigkeit und Weite, Freiheit und Liebe, Fruchtbarkeit und Segen ausgehen mögen für deine Umgebung.

Literatur

Jeanne Achterberg, Gedanken heilen. Die Kraft der Imagination, Hamburg 1990

Aaron Antonovsky, Salutogenese. Zur Entmystifizierung der Gesundheit, hrsg. von Alexa Franke, DGVT 1997.

John Bradshaw, Das Kind in uns. Wie finde ich zu mir selbst, München 1992.

Christoph Jacobs, Salutogenese. Eine pastoralpsychologische Studie zu seelischer Gesundheit, Ressourcen und Umgang mit Belastung bei Seelsorgern. Dissertation an der Universität Passau 1999.

Verena Kast, Lass dich nicht leben – lebe. Die eigenen Ressourcen schöpferisch nutzen, Freiburg 2002.

Verena Kast, Abschied von der Opferrolle. Das eigene Leben leben, Freiburg 2003.

Reinhard Körner, Gedächtnis, in: Lexikon der Spiritualität, Freiburg 1988 , Sp. 454 ff.

Lothar Kuschnik, Lebensmut in schwerer Krankheit. Spirituelle Begleitung bei Krebs, München 2002.

Alfried Längle, Sinnvoll leben. Logotherapie als Lebenshilfe, Freiburg 2002.

Henri J. M. Nouwen, Von der geistlichen Kraft der Erinnerung, Freiburg 1984

Luise Reddemann, Ressourcenorientierung – wozu? Aus der Sicht der Traumatherapie, in: WAP, Dynamik der Gefühle – ressourcenorientiert leben. Vorträge zur 18. Arbeitstagung vom 22. bis 26. März 2003, 37–46.

Eckhard Schiffer, Lebensfreude in Intermediärräumen als salutogenetisches Moment, Ebd 47–58.